드림웨이브

하나님 나라의 시작 1

창세기 Ⅱ 출애굽기

고학년

꿈이있는 미래

드림웨이브
하나님 나라의 시작 1
고학년

초판 1쇄 발행 2021년 10월 25일
초판 2쇄 발행 2022년 4월 14일

글쓴이 이호진, 노성진, 박혜진, 연공주
그린이 김영화

발행인 김은호
발행처 도서출판 꿈미
등록 제20214-000035호
주소 서울시 강동구 양재대로81길 39, 202호
전화 02-6413-4896
팩스 02-470-1397
홈페이지 www.coommi.org
쇼핑몰 www.coommimall.com

ISBN 979-11-90862-44-8 73230

* 본 교재의 교사용 지침서는 홈페이지에서 무료로 다운로드하실 수 있습니다.

머리말

단순한 스펙을 넘어 스토리텔링할 수 있는 자신의 이야기를 가지는 것이 교육에서도 참으로 중요합니다. 이런 교육 철학을 가지고, 우리의 다음세대가 하나님과의 스토리를 만들어 가도록 초등학생을 위한 공과 교재를 발간했습니다.

하나님의 말씀에는 세상이 감당할 수 없는 하나님의 사람으로 자라나게 하는 힘이 있습니다. 이 교재는 다음세대가 하나님의 말씀을 통해 자신을 들여다보고 말씀을 통해 자신의 삶을 변화시키게 합니다. 다음세대가 하나님의 이야기를 배우고 그 이야기가 나의 이야기로 어떻게 연결되는지를 체험하게 될 것입니다. 이와 같은 교육 철학을 담은 '드림 웨이브'를 통해 한국 교회와 가정, 학교가 다음세대를 통해 다시 일어서고, 하나님 나라의 귀한 일꾼으로 세워지길 간절히 기도합니다.

꿈이 있는 미래 대표 목사

차례

교재 활용법

1단원 1과

하나님이 세상을 창조하셨어요

읽을 말씀 창세기 1장 1~8절

외울 말씀 이는 만물이 주에게서 나오고 주로 말미암고 주에게로 돌아감이라 그에게 영광이 세세에 있을지어다 아멘 (로마서 11장 36절)

원 포인트 하나님이 말씀으로 세상을 창조하셨다.

WELCOME

인생 풍경 베스트 3!

내가 본 자연의 풍경 중 가장 아름다운 것은 무엇인가요? 1~3위를 정해서 소개해 주세요.

1위
장소
내가 본 풍경

2위
장소
내가 본 풍경

3위
장소
내가 본 풍경

14

ADVENTURE

본문 말씀을 기억하며 다음 질문에 해당하는 답을 가로, 세로, 대각선에서 찾아보세요.

물	확	흑	옛	승	귤	천	방
컷	고	필	암	꽃	좋	스	지
이	리	기	관	갔	았	곤	론
하	늘	란	루	비	더	드	몬
초	효	흰	삭	은	라	농	무
공	냉	강	손	랄	로	바	사
허	귀	두	말	씀	쓸	하	다
퍼	커	계	연	면	대	개	게

1 창세기 1장 1절 말씀을 완성해 보세요.
"태초에 하나님이 ○○를 창조하시니라."

2 하나님이 창조하시기 전에 세상은 어떤 모습이었나요? 다음 빈칸에 들어갈 답을 찾아 보세요.
"땅이 혼돈하고 ○○하며 ○○이 깊음 위에 있고 하나님의 영은 수면 위에 운행하시니라"(창 1:2).

3 천지창조의 순서를 알맞게 적어 보세요.
첫째 날 : 빛 둘째 날 : ○○ 셋째 날 : ○○와 육지
넷째 날 : 해, 달, 별 다섯째 날 : 새와 ○○○ 여섯째 날 : 사람과 짐승

4 하나님이 세상을 무엇으로 창조하셨나요? ○○

5 하나님이 창조하신 세상은 어떤 모습이었는지 다음 문장을 완성하고 이야기해 보세요.
"하나님이 보시기에 ○○○○"(창 1:4).

15

WELCOME

말씀 안으로 들어가기 위해 마음을 여는 단계입니다. 소개된 활동과 질문을 통해 자신의 이야기를 나눕니다.

ADVENTURE

성경 본문 탐험을 통해 귀납적 성경 연구와 본문의 핵심 내용을 파악하는 단계입니다. 주차별로 숨은 정답 찾기, 가로세로 낱말 퍼즐, 빈칸 채우기, 성경 퀴즈 등 다양한 활동을 통해 스스로 본문의 내용을 탐구해 봅니다.

VALUE

보시기에 좋았더라!

다음 그림을 보고 문제에 답한 후 친구들과 함께 이야기를 나눠 보세요.

하나님이 만드신 세상은 오늘날 어떻게 변했나요?

세상을 회복시키기 위해 내가 할 수 있는 일을 무엇인가요?

16

ENCOURAGE

이번 주 미션

하나님이 보시기에 좋은 세상으로 변화시키기 위해 내가 할 수 있는 일을 하루에 한 가지씩 실천해 보세요.

요일	내가 할 수 있는 일	실천했나요? (O / X)
월		
화		
수		
목		
금		
토		

예배 일기

주일 예배에서 받은 은혜를 기억하며 예배 일기를 쓰세요. 날짜 년 월 일

가장 좋았던 찬양

말씀 제목

느낀 점

기도

17

VALUE

배운 말씀을 기반으로 적용 활동을 하면서 삶에 구체적인 가치를 부여하는 단계입니다. 말씀을 내 삶에 적용하기 위한 질문에 진지하게 대답하고 결단하는 시간을 가집니다. 함께 결단한 내용을 토대로 기도하며 마무리합니다.

ENCOURAGE

배운 말씀을 한 주 동안 실천합니다. 구체적인 계획을 세워 하나님 말씀을 지키며 거룩한 습관을 세워 가는 단계입니다. 주일 예배의 은혜를 기억하며 예배 일기를 작성합니다.

한눈에 보기

단원	과	제목	읽을 말씀	외울 말씀	원 포인트!
1단원	1	하나님이 세상을 창조하셨어요	창 1:1~8	롬 11:36	하나님이 말씀으로 세상을 창조하셨다.
	2	죄는 불순종이에요	창 3: 1~8	신 28:2	불순종이 죄의 시작이다.
	3	하나님이 기뻐하시는 예배를 드려요	창 3:22~4:8	히 11:4a	하나님이 기뻐하시는 예배를 드려야 한다.
	4	하나님이 언약을 세우셨어요	창 9:8~17	겔 16:62	하나님이 언약을 세우신다.
	5	오직 하나님만 높여요	창 11:1~9	잠 29:23	하나님은 죄를 심판하시는 분이다.
2단원	1	복의 통로로 부르셨어요	창 12:1~9	창 12:2	하나님이 순종하는 자에게 복을 주신다.
	2	하나님이 구별하셨어요	창 17:9~14	레 20:26	하나님의 백성은 세상과 구별되어야 한다.
	3	하나님은 의인 한 사람을 찾고 계세요	창 18:22~33	롬 5:19	하나님이 의인을 찾으신다.
	4	여호와 이레, 하나님을 믿어요	창 22:6~14	창 22:14	여호와 이레, 하나님이 예비하신다.
3단원	1	하나님의 언약은 영원해요	창 25:1~11	창 17:7	하나님의 언약은 끊어지지 않는다.
	2	온유한 사람은 하나님의 복을 받아요	창 26:12~22	마 5:5	온유한 자는 복이 있다.
	3	복을 주시는 하나님께 감사해요	창 28:10~22	창 28:15	하나님은 복을 주시는 분이다.
	4	약속을 이루시는 하나님을 믿어요	창 30:9~24	시 33:8~9	하나님은 약속을 이루시는 분이다.

단원	과	제목	본문	요절	교육 목표
4 단원	1	하나님을 만나면 변화되어요	창 32:21~32	창 32:28	하나님을 만나면 변화를 경험한다.
	2	환난 날에도 하나님을 예배해요	창 35:1~15	시 86:7	환난 날에 응답하신 하나님을 예배해야 한다.
	3	하나님이 기뻐하시는 일을 꿈꿔요	창 37:1~11	빌 2:13	하나님은 꿈을 주시는 분이다.
	4	죄를 멀리하는 사람은 형통해요	창 39:1~10	잠 16:17	하나님은 악을 멀리하는 사람을 형통하게 하신다.
5 단원	1	하나님은 지혜로운 자를 높이세요	창 41:37~45	시 54:4	하나님이 지혜로운 자를 높이신다.
	2	하나님이 우리 죄를 깨닫게 하세요	창 42:18~25	잠 28:13	하나님이 우리 죄를 깨닫게 하신다.
	3	하나님의 뜻대로 용서해요	창 45:1~15	창 50:20	하나님의 뜻을 깨달은 사람은 용서할 수 있다.
	4	고난 중에도 번성하게 하세요	출 1:1~14	레 26:9	하나님이 고단 중에도 번성하게 하신다.
	5	부르심에 겸손하게 순종해요	출 3:1~12	출 3:5	하나님의 부르심에 겸손하게 순종해야 한다.
6 단원	1	오직 하나님만이 참 하나님이에요	출 7:8~25	출 15:11	하나님만이 유일한 신이심을 기억해야 한다.
	2	어린양으로 구원하셨어요	출 12:1~14	엡 1:7	하나님이 놀라운 은혜로 우리를 구원하신다.
	3	하나님이 돌봐 주세요	출 12:37~42	출 2:25	하나님이 그분의 백성을 기억하고 구원하신다.
	4	능력의 하나님께 맡겨요	출 14:10~25	출 14:14	하나님이 큰 능력으로 우리를 인도하신다.
절기	종려	구원자 예수님을 찬양해요	막 11:1~11	요 12:13	구원자이신 예수님을 찬양해야 한다.
	부활	부활하신 예수님은 우리의 생명이에요	막 16:1~8	요 11:25~26	부활하신 예수님은 우리의 생명이 되신다.

책 소개

창세기를 소개합니다

'창세기'의 뜻은?

창세기는 히브리어로 쓰였어요. 히브리어로 쓰인 창세기의 원래 이름은 '베레쉬트'로, '태초에', '처음에'라는 의미예요. 창세기라고 이름을 붙인 이유는 원래의 이름에서도 알 수 있듯이 창세기가 세상이 처음 창조된 일을 기록하고 있기 때문이에요.

누가 썼나요?

모세가 썼어요.

언제 썼나요?

창세기는 BC 1446~1406년경에 기록된 것으로 추정하고 있어요. 지금으로부터 3,000년 이상 된 책이죠.

어떤 내용이 담겨 있나요?

창세기에는 하나님이 세상을 어떻게 창조하셨는지에 대한 이야기와 사람이 죄를 지어 타락한 이야기가 담겨 있어요. 하나님이 타락한 사람을 어떻게 구원해 나가시는지를 살펴볼 수 있는 놀라운 책이에요.

무엇을 배우게 되나요?

우리는 창세기에서 하나님이 세상을 창조하신 이야기와 아담과 하와가 범죄한 이후의 모습, 죄인인 우리를 구원하시기 위한 하나님의 구원 이야기를 공부할 거예요. 그리고 창세기 12장부터 시작되는 족장들의 이야기를 통해 하나님이 그분의 백성과 함께하시고 그들에게 복을 주시는 분임을 배울 거예요.

세상과 인간을 창조하신 하나님은 우리를 하나님 나라의 백성으로 삼고 다스리시는 분이에요. 이제 우리는 이 책에서 하나님 나라의 시작을 배울 거예요.

출애굽기를 소개합니다

'출애굽기'의 뜻은?

출애굽기는 히브리어로 쓰였어요. 히브리어로 쓰인 출애굽기의 원래 이름은 '웨엘레 쉐모트'로, '그리고 이것이 이름들이다'라는 의미예요. 출애굽기 1장 1절에 담긴 내용을 이름으로 사용한 거예요. 출애굽기라고 이름을 붙인 이유는 애굽에서 노예 생활을 하던 이스라엘 백성이 그곳에서 '탈출'하는 이야기가 담겨 있기 때문이에요.

누가 썼나요?

모세가 썼어요.

언제 썼나요?

출애굽기는 창세기와 비슷하게 BC 1446~1406년경에 기록된 것으로 추정하고 있어요. 지금으로부터 3,000년 이상 된 책이죠.

어떤 내용이 담겨 있나요?

하나님은 창세기에서 그분의 백성에게 나라를 이루는 '땅'을 선물로 주겠다고 약속하셨어요. 출애굽기에는 하나님이 약속하신 것이 이루어지는 내용이 담겨 있어요. 하나님은 강한 능력으로 애굽에서 노예 생활을 하던 이스라엘 백성을 탈출시키셨어요. 그 놀라운 이야기는 영화로도 나와 있어요.

무엇을 배우게 되나요?

우리는 출애굽기에서 하나님이 그분의 백성을 향한 약속을 이루시고 그들을 구원하시는 내용을 공부할 거예요. 하나님은 사람이 할 수 없는 능력으로 이스라엘 백성을 애굽에서 탈출시키시면서 하나님만이 유일한 신이라고 알려 주셨어요.
우리와 함께하시는 하나님은 유일한 신이며, 모든 것 가운데 가장 뛰어나신 분이에요. 이제 우리는 이 책에서 하나님과 함께하며 하나님의 구원을 경험하는 하나님 나라의 시작을 배울 거예요.

1단원

DREAM WAVE UNIT 1

1과 하나님이 세상을 창조하셨어요

2과 죄는 불순종이에요

3과 하나님이 기뻐하시는 예배를 드려요

4과 하나님이 언약을 세우셨어요

5과 오직 하나님만 높여요

1단원 1과

하나님이 세상을 창조하셨어요

읽을 말씀 창세기 1장 1~8절

외울 말씀 이는 만물이 주에게서 나오고 주로 말미암고 주에게로 돌아감이라 그에게 영광이 세세에 있을지어다 아멘 (로마서 11장 36절)

원 포인트 하나님이 말씀으로 세상을 창조하셨다.

WELCOME

인생 풍경 베스트 3!

내가 본 자연의 풍경 중 가장 아름다운 것은 무엇인가요? 1~3위를 정해서 소개해 주세요.

1 위

장소

내가 본 풍경

2 위

장소

내가 본 풍경

3 위

장소

내가 본 풍경

ADVENTURE

본문 말씀을 기억하며 다음 질문에 해당하는 답을 가로, 세로, 대각선에서 찾아보세요.

물	확	흑	옛	승	귤	천	방
컷	고	필	암	꽃	좋	스	지
이	리	기	관	갔	았	곤	론
하	늘	란	루	비	더	드	몬
초	효	흰	삭	은	라	농	무
공	냉	강	손	랄	로	바	사
허	귀	두	말	씀	쓸	하	다
펴	커	계	연	면	대	개	게

1 창세기 1장 1절 말씀을 완성해 보세요.
"태초에 하나님이 ◯◯를 창조하시니라."

2 하나님이 창조하시기 전에 세상은 어떤 모습이었나요? 다음 빈칸에 들어갈 답을 찾아 보세요.
"땅이 혼돈하고 ◯◯하며 ◯◯이 깊음 위에 있고 하나님의 영은 수면 위에 운행하시니라"(창 1:2).

3 천지창조의 순서를 알맞게 적어 보세요.
첫째 날 : 빛　둘째 날 : ◯◯　셋째 날 : ◯◯와 육지
넷째 날 : 해, 달, 별　다섯째 날 : 새와 ◯◯◯　여섯째 날 : 사람과 짐승

4 하나님이 세상을 무엇으로 창조하셨나요? ◯◯

5 하나님이 창조하신 세상은 어떤 모습이었는지 다음 문장을 완성하고 이야기해 보세요.
"하나님이 보시기에 ◯◯◯◯"(창 1:4).

VALUE

보시기에 좋았더라!

다음 그림을 보고 문제에 답한 후 친구들과 함께 이야기를 나눠 보세요.

하나님이 만드신 세상은 오늘날 어떻게 변했나요?

세상을 회복시키기 위해 내가 할 수 있는 일을 무엇인가요?

ENCOURAGE

이번 주 미션

하나님이 보시기에 좋은 세상으로 변화시키기 위해 내가 할 수 있는 일을 하루에 한 가지씩 실천해 보세요.

요 일	내가 할 수 있는 일	실천했나요? (O / X)
월		
화		
수		
목		
금		
토		

예배 일기

주일 예배에서 받은 은혜를 기억하며 예배 일기를 쓰세요.

날짜 년 월 일

가장 좋았던 찬양	
말씀 제목	
느낀 점	
기도	

1단원 2과

죄는 불순종이에요

읽을 말씀 창세기 3장 1~8절

외울 말씀 네가 네 하나님 여호와의 말씀을 청종하면 이 모든 복이 네게 임하며 네게 이르리니 (신명기 28장 2절)

원 포인트 불순종이 죄의 시작이다.

WELCOME

절대 안 돼!

부모님이나 선생님이 평소에 절대로 하지 말라고 말씀하시는 것이 무엇인지 적고, 친구들과 함께 이야기를 나눠 보세요.

ADVENTURE

본문 말씀을 기억하며 가로세로 낱말 퀴즈를 풀어 보세요.

			2		6		7
1							
	3			4	5		
							8

가로 열쇠

1 아담과 하와는 선악을 알게 하는 나무의 열매를 따먹고 눈이 밝아져 이 나무의 잎을 엮어 몸을 가렸어요(창 3:7). ○○○○○

3 하나님이 지으신 들짐승 중에 가장 간교한 짐승은 무엇인가요? (창 3:1) ○

4 아담과 하와는 1번 답의 잎을 엮어 이것 삼아 몸을 가렸어요(창 3:7). ○○

6 아담과 하와가 동산 중앙에 있는 나무의 열매를 먹지 말라는 하나님의 말씀을 따르지 않은 것. 이것이 죄의 시작이에요. ○○○

8 아담과 하와는 동산에 거니시는 하나님의 소리를 듣고 하나님의 무엇을 피해 동산 나무 사이에 숨었나요? (창 3:8) ○

세로 열쇠

1 공중에 떠 있는 물방울이 햇빛을 받아 나타나는 반원 모양의 일곱 빛깔 줄은 무엇인가요? ○○○

2 아담과 하와에게 동산 중앙에 있는 나무의 열매를 먹지 말라고 말씀하신 분은 누구인가요? ○○○

5 신약 성경에서 마태복음 다음에 나오는 책은 무엇인가요? ○○○○

7 하나님이 세상을 창조하실 때 풀과 채소를 ○○대로 만드셨어요(창 1:12).

VALUE

시나리오, 죄가 시작된 그 날의 이야기

에덴동산에 있던 아담과 하와가 하나님의 말씀에 불순종하여 이 세상에 죄가 들어왔어요. 죄가 시작된 그날의 이야기를 연극 대본으로 완성하고, 부록에 있는 그림으로 친구와 함께 역할극을 해 보세요. 나는 언제 하나님의 말씀에 불순종하게 되는지 친구들과 함께 아야기를 나눠 보고, 하나님의 말씀에 잘 순종할 방법을 생각해 보세요.

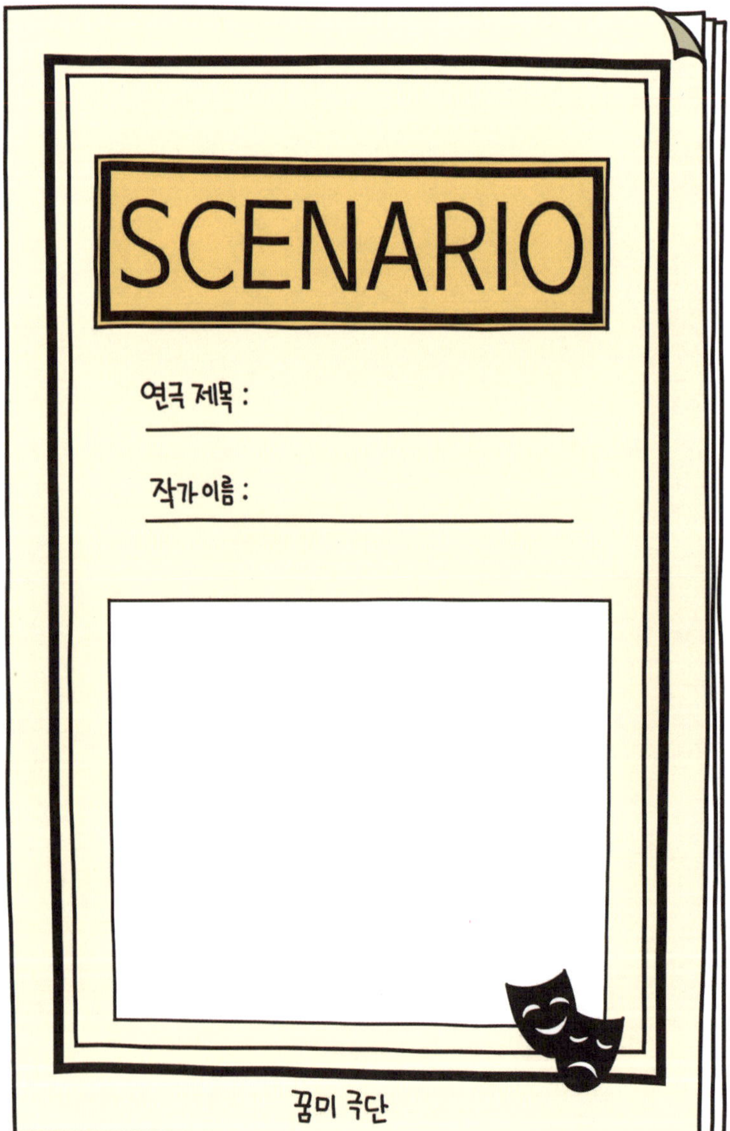

부록 141쪽

ENCOURAGE

이번 주 미션

나는 하나님의 어떤 말씀에 순종해야 할까요? 한 주간 하나님의 말씀에 순종하기 위해 '순종 목록'을 작성하고, 말씀에 순종하며 승리해 보세요.

요 일	순종 목록	순종했나요? (O / X)
월		
화		
수		
목		
금		
토		

예배 일기

주일 예배에서 받은 은혜를 기억하며 예배 일기를 쓰세요.

날짜 년 월 일

가장 좋았던 찬양	
말씀 제목	
느낀 점	
기도	

1단원 3과

하나님이 기뻐하시는 예배를 드려요

읽을 말씀 창세기 3장 22절~4장 8절

외울 말씀 믿음으로 아벨은 가인보다 더 나은 제사를 하나님께 드림으로 의로운 자라 하시는 증거를 얻었으니 (히브리서 11장 4a절)

원 포인트 하나님이 기뻐하시는 예배를 드려야 한다.

WELCOME

소중한 사람에게 선물하기!

소중한 사람에게 선물을 주려고 해요. 그 사람이 누구이며, 다음 선물 중 어떤 것을 주고 싶은지 친구들과 함께 나눠 보세요.

ADVENTURE

창세기 4장 1~8절을 읽고, <보기>에서 답을 찾아 빈칸을 채우고 질문에 답하세요.

1 아담이 그의 아내 하와와 동침하매 하와가 임신하여 가인을 낳고 이르되 내가 여호와로 말미암아 득남하였다 하니라

2 그가 또 가인의 아우 아벨을 낳았는데 아벨은 ( ) 치는 자였고 가인은 ( )( )하는 자였더라

3 세월이 지난 후에 가인은 땅의 ( )( )으로 제물을 삼아 여호와께 드렸고

4 아벨은 자기도 양의 ( ) 새끼와 그 기름으로 드렸더니 여호와께서 아벨과 그의 제물은 받으셨으나

5 가인과 그의 ( )( )은 받지 아니하신지라 가인이 몹시 분하여 안색이 변하니

6 여호와께서 가인에게 이르시되 네가 분하여 함은 어찌 됨이며 안색이 변함은 어찌 됨이냐

7 네가 선을 행하면 어찌 낯을 들지 못하겠느냐 선을 행하지 아니하면 죄가 문에 엎드려 있느니라 죄가 너를 원하나 너는 죄를 다스릴지니라

8 가인이 그의 아우 아벨에게 말하고 그들이 들에 있을 때에 가인이 그의 아우 아벨을 쳐죽이니라

보 기

소산 제사 양 제물 사랑 땅 첫 농사 어린

1 가인과 아벨의 직업은 각각 무엇인가요? (창 4:2)

2 가인과 아벨이 하나님께 드린 제물은 각각 무엇인가요? (창 4:3~4)

3 가인과 아벨이 드린 제사에 하나님은 어떻게 반응하셨나요? (창 4:4~5)

VALUE

예배 태도 점검하기!

하나님은 우리가 마음을 다해 믿음으로 예배드리는 것을 기뻐하세요. 다음 그림에서 친구들이 믿음의 예배를 드리려면 어떻게 해야 할까요? 빈칸에 적고 친구들과 함께 나눠 보세요.

ENCOURAGE

이번 주 미션

하나님이 기뻐하시는 믿음의 예배를 드리려면 어떤 노력을 해야 할까요? 하루에 한 가지씩 내가 할 수 있는 일을 적고 실천해 보세요. (예: 십일조 헌금 준비하기, 예배 일기 꼭 쓰기 등)

요 일	믿음의 예배를 드리기 위한 나의 실천	실천했나요? (O / X)
월		
화		
수		
목		
금		
토		

예배 일기

주일 예배에서 받은 은혜를 기억하며 예배 일기를 쓰세요.

날짜 년 월 일

가장 좋았던 찬양	
말씀 제목	
느낀 점	
기도	

1단원 4과

하나님이 언약을 세우셨어요

읽을 말씀 창세기 9장 8~17절

외울 말씀 내가 네게 내 언약을 세워 내가 여호와인 줄 네가 알게 하리니 (에스겔 16장 62절)

원 포인트 하나님이 언약을 세우신다.

WELCOME

약속 체크리스트!

최근에 누군가와 한 약속 세 가지와 그 약속을 잘 지켰는지, 지키지 못했다면 그 이유는 무엇인지 적어 보세요.

	약 속	지켰나요? (O/X)	이 유
1			
2			
3			

ADVENTURE

본문 말씀을 기억하며 다음 문제를 풀어 보세요.

1 하나님이 홍수 이후에 노아와 그의 후손들, 모든 생물과 ☆▼♥ ☆◉♬을 세우셨다(창 9:9~10).

답 ______

암호	♬	♥	☆	□	♣
자음	ㄱ	ㄴ	ㅇ	ㅅ	ㅈ
암호	▼	◉	♠	◎	V
모음	ㅓ	ㅑ	ㅣ	ㅐ	ㅖ

2 하나님이 모든 생물을 다시 홍수로 멸하실 것이다. (O/X)

답 ______

3 하나님과 세상 사이의 언약의 증거는 ○○○ 이다(창 9:13).

답 ______

4 하나님이 언약을 맺은 대상이 아닌 것은 무엇인가요? (창 9:9~10)

답 ______

① 방주 ② 노아 ③ 모든 생물 ④ 노아의 후손

5 하나님의 언약은 언제까지 이어지나요? (창 9:12)

답 ______

① 아주 잠깐 ② 살아 있는 동안 ③ 영원히 ④ 한 세대까지

6 하나님은 언약을 기억하시는 분이다. (O/X)

답 ______

7 다음 그림 중 하나님이 무지개를 두신 곳을 찾아보세요(창 9:13).

답 ______

8 창세기 9장 8~17절에서 '언약'이라는 단어가 몇 번 나오는지 세어 보세요.

답 ______ 번

VALUE

하나님의 약속을 믿는 행동 골라 보기!

우리는 신실하신 하나님이 반드시 약속을 이루신다는 것을 믿어야 해요. 특별히 구원하겠다고 말씀하신 하나님의 약속을 믿고 복음을 믿지 않는 친구를 전도하려면 우리는 어떻게 행동해야 할까요? 〈보기〉에서 모두 골라 번호를 적고, 그중 내가 할 수 있는 행동을 구체적으로 이야기해 보세요.

번 호	구원의 약속을 믿고 전도하기 위한 행동

보 기

❶ 믿지 않는 친구를 위해 기도하기

❷ 교회에 가지 않는다고 하면 더 이상 신경 쓰지 않기

❸ 친구가 아플 때 기도해 주기

❹ 친구 생일에 선물하기

❺ 친구에게 도움이 필요할 때 친절히 도와주기

ENCOURAGE

이번 주 미션

하나님이 주신 약속을 성경에서 찾아 적고, 그 약속이 내 삶에서 이뤄지도록 매일 기도하세요.

요 일	하나님의 약속	기도했나요? (O / X)
월 구원의 약속	요 3:16	
화 용서의 약속	요일 1:9	
수 응답의 약속	렘 33:3	
목 회복의 약속	출 15:26	
금 승리의 약속	요 16:33	
토 재림의 약속	행 1:11	

예배 일기

주일 예배에서 받은 은혜를 기억하며 예배 일기를 쓰세요.

날짜 년 월 일

가장 좋았던 찬양	
말씀 제목	
느낀 점	
기도	

1단원 5과

오직 하나님만 높여요

읽을 말씀 창세기 11장 1~9절

외울 말씀 사람이 교만하면 낮아지게 되겠고 마음이 겸손하면 영예를 얻으리라 (잠언 29장 23절)

원 포인트 하나님은 죄를 심판하시는 분이다.

WELCOME

세계에서 가장 높은 탑

높은 탑 위에 올라가 본 적이 있나요? 사람들이 높은 탑을 세우는 이유가 무엇인지 적고 친구들과 함께 나눠 보세요.

ADVENTURE

특종! 바벨탑, 그것이 알고 싶다

지금 바벨탑 사건 현장에서 인터뷰가 진행되고 있어요. 오늘 배운 말씀을 기억하여 인터뷰 내용을 써 보세요.

무엇을 만들고 있습니까?

이런 높은 탑을 쌓는 이유가 무엇입니까? 창 11:4

결국 바벨탑은 어떻게 되었나요? 창 11:9

하나님보다 높아지려고 한 사람들은 어떻게 되었나요? 창 11:9

VALUE

내가 쌓은 바벨탑

하나님보다 높아지려고 하는 것, 하나님을 대신하려는 것들이 내가 쌓은 바벨탑이에요. 내가 쌓고 있는 교만의 탑은 무엇인가요? (예: "하나님이 도와주셔서 잘된 일을 내가 잘해서 된 것으로 생각했어요", "하나님께 기도하지 않고 내 뜻대로 했어요" 등)

내가 쌓은 바벨탑을 무너뜨리고, 하나님만 높여 드릴 방법을 적어 보세요.

내 안의 바벨탑	하나님만 높여 드릴 방법

ENCOURAGE

이번 주 미션

매일 자신을 돌아보며 교만함을 버리고, 하나님만 높이기 위한 겸손의 행동을 찾아 적고 실천해 보세요. (예: 어떤 일을 하기 전에 하나님께 여쭤보기, 하나님의 뜻을 기억하기 위해 말씀 읽기 등)

요 일	하나님만 높여 드릴 방법	실천했나요? (O / X)
월		
화		
수		
목		
금		
토		

예배 일기

주일 예배에서 받은 은혜를 기억하며 예배 일기를 쓰세요.

날짜 년 월 일

가장 좋았던 찬양	
말씀 제목	
느낀 점	
기도	

2단원

DREAM WAVE UNIT 2

1과 복의 통로로 부르셨어요

2과 하나님이 구별하셨어요

3과 하나님은 의인 한 사람을 찾고 계세요

4과 여호와 이레, 하나님을 믿어요

2단원 1과

복의 통로로 부르셨어요

읽을 말씀 창세기 12장 1~9절

외울 말씀 내가 너로 큰 민족을 이루고 네게 복을 주어 네 이름을 창대하게 하리니 너는 복이 될지라 (창세기 12장 2절)

원 포인트 하나님이 순종하는 자에게 복을 주신다.

WELCOME

이사를 한다면?

내일 갑자기 이사를 한다면 가장 아쉬운 것은 무엇인가요?

ADVENTURE

본문 말씀을 기억하며 다음 질문에 해당하는 답을 가로, 세로, 대각선에서 찾아보세요.

말	기	적	약	언	수	장	가
창	씀	레	속	박	이	름	나
이	세	출	복	소	기	고	안
식	떠	나	멍	돔	가	장	다
신	예	함	사	라	다	라	니
하	명	기	족	래	윗	히	엘
란	기	민	미	론	아	브	람
삼	사	안	재	아	수	호	여

1 하나님은 아브람에게 무엇을 명령하셨나요? (창 12:1)

"여호와께서 아브람에게 이르시되 너는 너의 고향과 친척과 아버지의 집을 ◯◯ 내가 네게 보여 줄 땅으로 ◯◯."

2 하나님은 아브람에게 무엇을 약속하셨나요? (창 12:2)

"내가 너로 큰 ◯◯을 이루고 네게 ◯을 주어 네 ◯◯을 창대하게 하리니 너는 복이 될지라."

3 땅의 모든 족속이 누구로 말미암아 복을 얻게 될 것이라고 하셨나요? (창 12:1~3) ◯◯◯

4 하나님의 말씀을 들은 아브람은 어떻게 행동했나요? (창 12:4)

여호와의 ◯◯ 대로 떠났어요.

5 하나님의 명령에 아브람은 ◯◯을 떠나 ◯◯◯에 도착했어요(창 12:4~5).

VALUE

나는 복의 통로

하나님이 아브라함을 이스라엘 민족의 복의 통로로 부르신 것처럼 우리도 우리 주변의 복의 통로로 부르셨습니다. 주변 사람들에게 하나님의 복을 나누는 방법에는 어떤 것이 있을지 적어 보세요.

교회

가정

학교

SNS

하나님이 내게 주신 복은 무엇일까요?

복의 통로로 살아가기 위해 무엇을 할 수 있을까요?

ENCOURAGE

이번 주 미션

주변 사람들에게 하나님의 복을 흘려보내기 위해 하루에 한 번 이상 축복의 메시지를 전해 보세요.

요 일	오늘 내가 전한 축복	축복을 전한 사람	실천했나요? (O / X)
월			
화			
수			
목			
금			
토			

예배 일기

주일 예배에서 받은 은혜를 기억하며 예배 일기를 쓰세요.

날짜 년 월 일

가장 좋았던 찬양	
말씀 제목	
느낀 점	
기도	

2단원 2과

하나님이 구별하셨어요

읽을 말씀 창세기 17장 9~14절

외울 말씀 너희는 나에게 거룩할지어다 이는 나 여호와가 거룩하고 내가 또 너희를 나의 소유로 삼으려고 너희를 만민 중에서 구별하였음이니라 (레위기 20장 26절)

원 포인트 하나님의 백성은 세상과 구별되어야 한다.

WELCOME

구별된 사람을 찾아라!

다음 그림에서 하나님의 백성답게 구별된 행동을 하는 사람 세 명을 찾아보세요. 그리고 하나님의 백성다운 모습은 어떤 것인지 함께 나눠 보세요.

ADVENTURE

본문 말씀을 기억하며 가로세로 낱말 퀴즈를 풀어 보세요.

		2				
1					5	
6					3	8
				4		
	7					

가로 열쇠

1 하나님은 아브람의 이름을 이것으로 바꾸셨어요(창 17:5). ○○○○

3 하나님이 아브라함과 모든 ○○ 자손들에게

5 ○○를 받도록 명령하셨어요(창 17:12).

7 할례를 받지 않으면 하나님의 백성 중에서 ○○ 진다고 말씀하셨어요(창 17:14).

세로 열쇠

2 하나님은 아브라함의 아내 사래에게 어떤 이름을 주셨나요? (창 17:15) ○○

4 다음 동그라미에 공통으로 들어갈 단어는 무엇인가요? 할례는 하나님의 백성이 되었다는 ○○의 표시이자 이스라엘 백성의 몸에 새겨진 ○○의 표징이에요(창 17:11).

6 하나님은 아브라함의 후손들에게 태어난 지 며칠 만에 할례를 행하라고 말씀하셨나요? (창 17:12) ○○

8 하나님은 아브라함의 ○○이 별처럼 많아질 것이라고 약속하셨어요(창 15:5).

VALUE

약속의 증표

아브라함에게 할례는 하나님의 백성으로 구별되어 하나님께 순종하겠다는 약속의 증표(사인)였어요. 세상과 구별된 신앙생활을 하기 위한 하나님과 나만의 약속 증표를 만들어 보세요.

긴급, 위험 / 금지 / 주의, 경고 / 가능, 지시 / 안전

영 역	약속의 사인	사인의 의미
언어 생활	나쁜 말 	예) 나쁜 언어 습관 멈춰!, SNS에서 비하하는 댓글 멈춰!
언어 생활		
믿음 생활		
이웃 사랑		

ENCOURAGE

이번 주 미션

하나님의 백성답게 세상과 구별되기 위한 거룩한 습관을 하루에 한 가지씩 실천해 보세요. (예: “화가 나도 기도하면서 참을 거예요”, “친구에게 먼저 화해의 말을 전할래요” 등)

요 일	하나님의 백성다운 거룩한 습관	실천했나요? (O / X)
월		
화		
수		
목		
금		
토		

예배 일기

주일 예배에서 받은 은혜를 기억하며 예배 일기를 쓰세요.

날짜 년 월 일

가장 좋았던 찬양	
말씀 제목	
느낀 점	
기도	

2단원 3과

하나님은 의인 한 사람을 찾고 계세요

읽을 말씀 창세기 18장 22~33절

외울 말씀 한 사람이 순종하지 아니함으로 많은 사람이 죄인 된 것 같이 한 사람이 순종하심으로 많은 사람이 의인이 되리라 (로마서 5장 19절)

원 포인트 하나님이 의인을 찾으신다.

WELCOME

간절한 기도

"하나님, 제발 들어주세요!" 하고 간절히 기도해 본 적이 있나요? 요즘 내가 간구하는 기도 제목(친구, 외모, 가족, 성적, 돈, 건강 등)을 적어 보세요.

ADVENTURE

창세기 18장 23~32절을 읽고, <보기>에서 답을 찾아 빈칸을 채우고 질문에 답하세요.

23 아브라함이 가까이 나아가 이르되 주께서 ( )( ) 을 악인과 함께 멸하려 하시나이까
24 그 성 중에 의인 ( )( ) 명이 있을지라도 주께서 그 곳을 멸하시고 그 오십 의인을 위하여
용서하지 아니하시리이까
25 주께서 이같이 하사 의인을 악인과 함께 죽이심은 부당하오며 의인과 악인을 같이 하심도 부당
하니이다 세상을 심판하시는 이가 ( )( ) 를 행하실 것이 아니니이까
26 여호와께서 이르시되 내가 만일 소돔 성읍 가운데에서 의인 오십 명을 찾으면 그들을 위하여
온 지역을 ( )( ) 하리라
27 아브라함이 대답하여 이르되 나는 티끌이나 재와 같사오나 감히 주께 아뢰나이다
28 오십 의인 중에 오 명이 부족하다면 그 오 명이 부족함으로 말미암아 온 성읍을 멸하시리이까
이르시되 내가 거기서 사십오 명을 찾으면 멸하지 아니하리라
29 아브라함이 또 아뢰어 이르되 거기서 사십 명을 찾으시면 어찌 하려 하시나이까 이르시되 사십
명으로 말미암아 멸하지 아니하리라
30 아브라함이 이르되 내 주여 노하지 마시옵고 말씀하게 하옵소서 거기서 삼십 명을 찾으시면 어
찌 하려 하시나이까 이르시되 내가 거기서 삼십 명을 찾으면 그리하지 아니하리라
31 아브라함이 또 이르되 내가 감히 내 주께 아뢰나이다 거기서 이십 명을 찾으시면 어찌 하려 하
시나이까 이르시되 내가 이십 명으로 말미암아 그리하지 아니하리라
32 아브라함이 또 이르되 주는 노하지 마옵소서 내가 이번만 더 아뢰리이다 거기서 ( )( )
을 찾으시면 어찌 하려 하시나이까 이르시되 내가 십 명으로 말미암아 멸하지 아니하리라

보 기

육십 오십 사랑 정의 용서 의인 죄인 십명

1 아브라함이 하나님께 끈질기게 기도한 이유는 무엇인가요? (창 18:23)

2 하나님은 아브라함의 기도를 들으시고 의인이 몇 명만 있어도 용서하겠다고 약속하셨나요? (창 18:24 ~32)

50명 → ________ 명 → ________ 명 → ________ 명 → ________ 명 → ________ 명

3 아브라함은 어떤 태도로 기도했나요? (창 18:27)

VALUE

나는 기도하는 한 사람

아브라함은 심판을 앞둔 소돔 사람들을 위해 하나님께 간절히 기도했어요. 하나님은 우리가 하나님께 기도하는 한 사람이 되길 바라세요. 누구를 위해, 무엇을, 언제까지 기도할지 적고 실천해 보세요.

누구를 위해?

무엇을?

언제까지?

ENCOURAGE

이번 주 미션

하나님이 내게 보내 주신 가족과 친구, 이웃을 위해 간절히 기도해요.

요 일	가족, 친구, 이웃을 위한 기도	기도했나요? (O / X)
월		
화		
수		
목		
금		
토		

예배 일기

주일 예배에서 받은 은혜를 기억하며 예배 일기를 쓰세요.

날짜 년 월 일

가장 좋았던 찬양	
말씀 제목	
느낀 점	
기도	

2단원 4과

여호와 이레, 하나님을 믿어요

읽을 말씀 창세기 22장 6~14절

외울 말씀 아브라함이 그 땅 이름을 여호와 이레라 하였으므로 오늘날까지 사람들이 이르기를 여호와의 산에서 준비되리라 하더라 (창세기 22장 14절)

원 포인트 여호와 이레, 하나님이 예비하신다.

WELCOME

황당한 지령

하나님이 아브라함에게 그의 소중한 아들 이삭을 번제물로 바치라고 말씀하셨어요. 내가 만약 아브라함이라면 하나님의 명령에 순종할 수 있었을까요?

내가 만약 아브라함이라면?

ADVENTURE

본문 말씀을 기억하며 다음 문제를 풀어 보세요.

1 하나님이 아브라함이 100세 때 주신 약속의 선물은 무엇인가요? (창 17:17, 19, 21)

답 ________

2 하나님은 아브라함에게 무엇을 명령하셨나요? (창 22:2)

답 ________

3 아브라함이 모리아 산에 같이 간 종들에게 "내가 아이와 함께 저기 가서 예배하고 ◯◯가 너희에게로 돌아오리라"라고 말했어요(창 22:5).

답 ________

4 이삭이 아브라함에게 "불과 나무는 여기 있는데 제물로 바칠 어린 양은 어디 있습니까?" 하고 물었어요. 그때 아브라함은 이삭에게 무엇이라고 대답했나요? (창 22:8)

답 ________

① 아무 말도 없었다.
② "하나님은 영과 진리로 예배하는 자를 찾으신단다."
③ "제물로 바칠 어린 양은 하나님이 준비하실 것이다."
④ "인색함으로나 억지로 하지 말지니 하나님은 즐겨 내는 자를 사랑하시느니라."

5 아브라함이 아들 이삭을 잡으려고 할 때 여호와의 사자가 아브라함을 불렀다(창 22:11). (O/X)

답 ________

6 하나님이 이삭 대신 준비하신 제물은 무엇이었나요? (창 22:13)

답 ________

① 송아지 ② 숫양 ③ 새 ④ 향유

7 아브라함은 하나님이 이삭 대신 숫양을 준비해 주신 그 땅 이름을 ◯◯◯ ◯◯라고 했다(창 22:14).

답 ________

8 7번 문제의 답은 무슨 뜻인가요? (창 22:14)

답 ________

VALUE

여호와 이레

하나님이 나를 위해 준비하신 것은 무엇일까요? 다음 문장으로 내 믿음의 고백을 완성해 보세요.

"하나님이 나를 위해 ____________ 을(를) 준비하셨어요."

하나님은 이삭 대신 죽을 숫양을 준비하셨듯이, 내 죄를 대신해 죽으실 예수님을 준비하셨어요.

"아브라함아, 네 아들 이삭을 죽이지 말라. 너를 위해 숫양을 준비했단다."

"여호와 이레 하나님이 계셔서 ____________ 할 필요 없어요. 내 ____________ 을(를) 위해 예수님을 준비하셨기 때문이에요."

나를 위해 예수님을 준비하신 여호와 이레 하나님께 믿음의 고백을 드려요.

ENCOURAGE

이번 주 미션

여호와 이레 하나님을 신뢰하며 믿음으로 순종할 일을 찾아서 실천해 보세요. (예: "하나님께 드리는 예배를 가장 우선순위로 둘래요", "내게 주신 하나님의 말씀을 암송해요" 등)

요 일	믿음으로 순종해야 할 내 모습	실천했나요? (O / X)
월		
화		
수		
목		
금		
토		

예배 일기

주일 예배에서 받은 은혜를 기억하며 예배 일기를 쓰세요.

날짜 년 월 일

가장 좋았던 찬양	
말씀 제목	
느낀 점	
기도	

3단원

DREAM WAVE UNIT 3

1과 하나님의 언약은 영원해요

2과 온유한 사람은 하나님의 복을 받아요

3과 복을 주시는 하나님께 감사해요

4과 약속을 이루시는 하나님을 믿어요

3단원 1과

하나님의 언약은 영원해요

읽을 말씀 창세기 25장 1~11절

외울 말씀 내가 내 언약을 나와 너 및 네 대대 후손 사이에 세워서 영원한 언약을 삼고 너와 네 후손의 하나님이 되리라 (창세기 17장 7절)

원 포인트 하나님의 언약은 끊어지지 않는다.

WELCOME

유산 목록 베스트 3!

나이가 들어 부모가 된다면 자녀들에게 무엇을 남겨 주고 싶나요? 1~3위를 정한 다음 친구들과 나눠 보세요.

하나님의 말씀

가족과 함께한 추억

미래를 이끌어 갈 비전

통장 & 생활비

규칙적인 습관(운동)

순위	유산	이유
1위		
2위		
3위		

ADVENTURE

본문 말씀을 기억하며 다음 질문에 해당하는 답을 가로, 세로, 대각선에서 찾아보세요.

이	창	자	손	막	에	동	에
스	그	라	랄	세	벨	행	브
마	그	므	단	반	족	라	론
엘	야	두	기	보	미	블	곳
족	곱	속	브	하	갈	디	세
예	이	라	복	아	성	레	안
태	삭	헷	라	강	함	물	셋
후	사	라	백	칠	십	오	우

1 아브라함과 그두라 사이에서 태어난 자녀들의 이름은 무엇인가요? (창 25:2)
"그가 시므란과 욕산과 ○○과 ○○○과 이스박과 수아를 낳고."

2 아브라함은 자신의 모든 재산을 누구에게 주었나요? (창 25:5) ○○

3 아브라함의 죽음에 대해 적어 보세요.
1) 아브라함은 몇 세에 죽었나요? (창 25:7) ○○○○세
2) 누가 아브라함의 장사를 치렀나요? (창 25:9) ○○과 ○○○○
3) 아브라함은 어디에 장사되었나요? (창 25:9) ○○○굴

4 아브라함은 하나님이 약속하신 땅을 주실 것을 믿고, 어느 땅을 샀나요? (창 25:9~10)
헷 족속 ○○○의 밭

5 하나님은 아브라함이 죽은 후에 그의 아들 이삭에게 무엇을 주셨나요? (창 25:11) ○

VALUE

하나님의 언약은 어디까지?

다음 표를 보고 말씀 안에서 하나님의 언약이 이어진 것을 확인해 보세요. 그리고 그 언약이 우리 가족과 나, 우리 자손에게 이어진다고 고백해 보세요.

아브라함 (창 12:7) ⇒ ① ○○ (창 26:23~24) ⇒ ② ○○ (창 28:10~13) ⇒ 유다 (마 1:2) ⇒

다윗 (마 1:6) ⇒ ③ ○○ ○○○○ (마 1:18) ⇒ … … … … … ⇒

하나님의 자녀, 축복받은 우리 가족 ⇒ ④ 축복받은 나 ○○○

아브라함에게 주신 언약은 누구와 누구에게 이어졌나요?

① 아브라함의 언약은 그의 아들 중 (ㅇ ㅅ) 에게 이어졌어요(창 26:23~24).

② 그리고 그 언약은 다시 (ㅇ ㄱ) 에게 이어졌어요(창 28:10~13).

③ 아브라함의 언약의 완성은 (ㅇ ㅅ ㄱ ㄹ ㅅ ㄷ) 를 통해 이뤄졌어요(마 1:18).

④ 하나님의 언약은 예수님을 믿는 (   ) 에게 이어졌어요.

⑤ 그리고 앞으로 그 언약이 우리 (ㅈ ㅅ) 들에게도 이어질 것입니다.

우리는 하나님의 언약을 잇는 축복의 전달자가 되어야 해요. 축복의 전달자가 되기 위해 할 일을 적어 보세요.

ENCOURAGE

이번 주 미션

언약의 축복을 받은 내가 이웃에게 그 축복을 전할 수 있는 일을 하루에 한 가지씩 실천해 보세요.

요 일	축복을 전할 수 있는 일	실천했나요? (O / X)
월		
화		
수		
목		
금		
토		

예배 일기

주일 예배에서 받은 은혜를 기억하며 예배 일기를 쓰세요.

날짜 년 월 일

가장 좋았던 찬양	
말씀 제목	
느낀 점	
기도	

3단원 2과

온유한 사람은 하나님의 복을 받아요

읽을 말씀 창세기 26장 12~22절

외울 말씀 온유한 자는 복이 있나니 그들이 땅을 기업으로 받을 것임이요 (마태복음 5장 5절)

원 포인트 온유한 자는 복이 있다.

WELCOME

어떻게 행동할까?

내가 다음 그림과 같은 상황에 처한다면 어떻게 할지 적고, 친구들과 함께 나눠 보세요.

쉬는 시간에 공놀이하던 친구들의 실수로 공에 맞은 경우

▶ 내가 한 행동

몰래 게임한 사실을 동생이 아빠한테 일러서 혼이 난 경우

▶ 내가 한 행동

친하다고 생각했던 친구들이 놀리는 경우

▶ 내가 한 행동

ADVENTURE

본문 말씀을 기억하며 가로세로 낱말 퀴즈를 풀어 보세요.

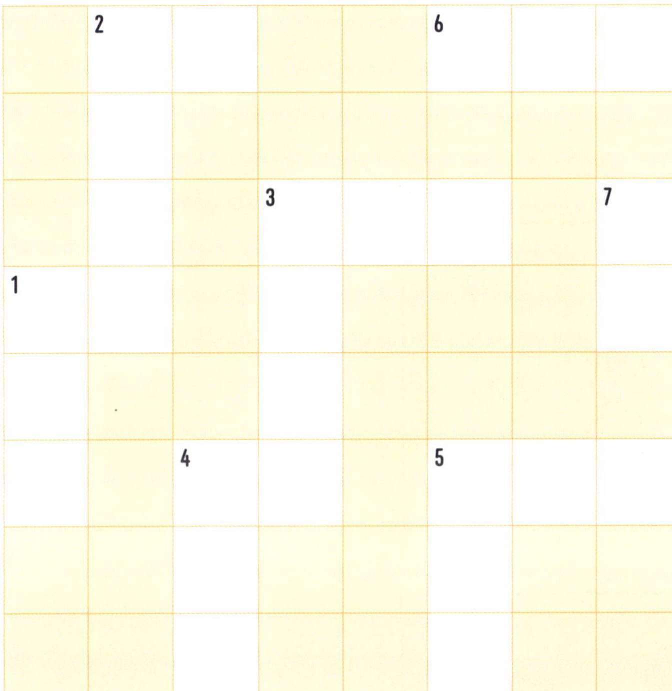

가로 열쇠

1. 이삭이 농사를 짓게 되자 하나님은 몇 배의 복을 주셨나요? (창 26:12). ○○
2. "그 아버지 아브라함 때에 그 아버지의 종들이 판 모든 ○○ 을 막고 흙으로 메웠더라"(창 26:15).
3. 하나님이 아브라함에게 주겠다고 약속하신 땅은 어디인가요? (창 12:1~5) ○○○
4. "그 사람이 ○○ 하고 왕성하여 마침내 거부가 되어"(창 26:13).
5. 하나님이 이삭을 축복하셨어요(창 26:12~13). '축복하다'란 뜻을 가진 영어 단어를 한글로 읽으면 무엇인가요? ○○○
6. 블레셋 사람들과 다투지 않게 된 우물의 이름은 무엇인가요? (창 26:22) ○○○

세로 열쇠

1. 이삭은 몇 살에 죽었나요? (창 35:28~29) ○○○ 세
2. 십계명 중 제2계명에서 하나님은 무엇을 하지 말라고 말씀하셨나요? (출 20:4~5) ○○○○
3. '말씀하시되'라는 뜻을 가진 네 글자의 단어는 무엇인가요? ○○○○
4. 성경의 첫 번째 책의 이름은 무엇인가요? ○○○
5. 이삭의 양과 소 떼가 많아지자 누가 시기했나요? (창 26:14) ○○○
7. "○○ 한 자는 복이 있나니 그들이 땅을 기업으로 받을 것임이요"(마 5:5).

VALUE

나도 온유한 사람이 될 수 있을까?

누군가와 다툼이 일어났을 때, 내가 할 수 있는 온유한 행동과 그 행동의 결과를 적고 친구들과 함께 이야기를 나눠 보세요.

▶ 온유한 행동 ▶ 결 과

▶ 온유한 행동 ▶ 결 과

최근 내가 겪은 다툼 ▶ 온유한 행동 ▶ 결 과

ENCOURAGE

이번 주 미션

온유한 사람이 되기 위해 해야 할 일을 하루에 한 가지씩 실천해 보세요.

요 일	온유한 사람이 되기 위해 내가 할 수 있는 일	실천했나요? (O / X)
월		
화		
수		
목		
금		
토		

예배 일기

주일 예배에서 받은 은혜를 기억하며 예배 일기를 쓰세요.

날짜 　　 년 　 월 　 일

가장 좋았던 찬양	
말씀 제목	
느낀 점	
기도	

3단원 3과

복을 주시는 하나님께 감사해요

읽을 말씀 창세기 28장 10~22절

외울 말씀 내가 너와 함께 있어 네가 어디로 가든지 너를 지키며 너를 이끌어 이 땅으로 돌아오게 할지라 내가 네게 허락한 것을 다 이루기까지 너를 떠나지 아니하리라 하신지라 (창세기 28장 15절)

원 포인트 하나님은 복을 주시는 분이다.

WELCOME

가장 성공한 사람?

다음 그림의 사람들은 각 분야에서 큰 업적을 남긴 위인이에요. 이들 중 가장 성공한 사람은 누구라고 생각하나요? 한 명을 선택하고 그렇게 생각하는 이유를 친구들과 함께 나눠 보세요.

마더 테레사

빌 게이츠

주기철 목사

손흥민

기타

내가 선택한 위인은 무엇이 가장 큰 행복이라고 생각했을까요?

ADVENTURE

창세기 28장 10~22절을 읽고, 〈보기〉에서 답을 찾아 빈칸을 채우고 질문에 답하세요.

10 야곱이 브엘세바에서 떠나 하란으로 향하여 가더니

11 한 곳에 이르러는 해가 진지라 거기서 유숙하려고 그 곳의 한 돌을 가져다가 베개로 삼고 거기 누워 자더니

12 꿈에 본즉 ○○○○ 가 땅 위에 서 있는데 그 꼭대기가 하늘에 닿았고 또 본즉 하나님의 ○○ 들이 그 위에서 오르락내리락 하고

16 야곱이 잠이 깨어 이르되 여호와께서 과연 여기 계시거늘 내가 알지 못하였도다

17 이에 두려워하여 이르되 두렵도다 이 곳이여 이것은 다름 아닌 하나님의 집이요 이는 하늘의 문이로다 하고

18 야곱이 아침에 일찍이 일어나 베개로 삼았던 돌을 가져다가 기둥으로 세우고 그 위에 기름을 붓고

19 그 곳 이름을 ○○ 이라 하였더라 이 성의 옛 이름은 루스더라

20 야곱이 서원하여 이르되 하나님이 나와 ○○ 계셔서 내가 가는 이 길에서 나를 지키시고 먹을 떡과 입을 옷을 주시어

21 내가 평안히 아버지 집으로 돌아가게 하시오면 여호와께서 나의 하나님이 되실 것이요

22 내가 기둥으로 세운 이 돌이 하나님의 집이 될 것이요 하나님께서 내게 주신 모든 것에서 ○○○ ○ 을 내가 반드시 하나님께 드리겠나이다 하였더라

보 기

십분의 일	은혜	사자	복	사닥다리	예배	함께	벧엘

1 야곱이 꿈에서 본 것은 무엇인가요? (창 28:12)

2 하나님은 야곱에게 어떤 복을 주셨나요? (창 28:13~15)

3 하나님의 축복을 받은 야곱은 하나님께 어떻게 감사했나요? (창 28:22)

VALUE

진짜 복은 하나님이 함께하시는 거야!

다음은 성경에 등장하는 하나님과 함께하는 사람들이에요. 하나님이 함께하심으로 그들에게 어떤 일이 일어났는지 알맞은 내용을 선으로 연결해 보세요.

믿음을 주시고, 구원의 확신을 주신다. (요 1:12~13)

강하고 담대하게 하신다. (수 1:5~9)

나라가 안정과 평안을 누리게 된다. (대하 32:8)

하나님의 백성을 구하신다. (삿 6:16)

하나님이 나와 함께하심으로 누린 축복을 적어 보세요.

복을 주시는 하나님께 감사의 마음을 고백해 보세요.

ENCOURAGE

이번 주 미션

매일 나와 함께하시는 하나님이 주신 복과 하나님께 드릴 감사의 고백을 적어 보세요.

요 일	하나님이 주신 복	감사의 고백
월		
화		
수		
목		
금		
토		

예배 일기

주일 예배에서 받은 은혜를 기억하며 예배 일기를 쓰세요.

날짜 년 월 일

가장 좋았던 찬양	
말씀 제목	
느낀 점	
기도	

3단원 4과

약속을 이루시는 하나님을 믿어요

읽을 말씀 창세기 30장 9~24절

외울 말씀 온 땅은 여호와를 두려워하며 세상의 모든 거민들은 그를 경외할지어다 그가 말씀하시매 이루어졌으며 명령하시매 견고히 섰도다 (시편 33편 8~9절)

원 포인트 하나님은 약속을 이루시는 분이다.

WELCOME

나의 인생 약속

내가 약속했던 순간들을 기억하나요? 가장 기억에 남는 약속 두 가지를 적고 친구들과 함께 나눠 보세요.

	약속 내용	약속 결과
1		
2		

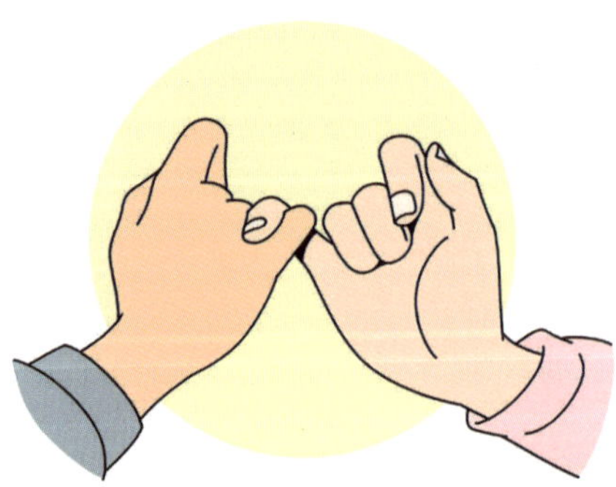

ADVENTURE

본문 말씀을 기억하며 다음 문제를 풀어 보세요.

1 야곱의 첫 번째 아내의 이름은 '레아'이다(창 29:21~23). (○/╳)

답 ____________

2 다음 중 야곱의 아내가 아닌 사람은 누구인가요? (창 29:10~12)

① 레아 ② 라헬 ③ 실바 ④ 리브가

답 ____________

3 야곱의 아들은 모두 몇 명인가요?

답 ____________ 명

4 레아가 낳은 딸의 이름은 무엇인가요? (창 30:21)

답 ____________

5 다음 암호를 풀어서 하나님의 축복으로 얻은 야곱의 자녀들 이름을 맞혀 보세요.

암호	♣	▣	♡	▶	◐	※	♬	◎
자음	ㅗ	ㅣ	ㅜ	ㅏ	ㅔ	ㅓ	ㅡ	ㅛ
암호	●	★	=	◑	▼	◇	◈	♥
모음	ㄹ	ㅇ	ㅈ	ㅂ	ㄱ	ㄴ	ㅅ	ㄷ

① 레아의 시녀, 실바를 통해 얻은 자녀는 ▼▶◈(창 30:10~11)과 ★▶◈◐●(창 30:12~13)이다.

답 ____________, ____________

② 레아가 낳은 아들은 ★▣◈◈▶▼▶●(창 30:17~18)과 ◈♬◑♡●●♣◇(창 30:19~20)이다.

답 ____________, ____________

③ 라헬이 낳은 아들은 ★◎◈◐◑(창 30:22~24)이다.

답 ____________

VALUE

하나님의 약속은 이루어진다!

하나님은 성경에 등장하는 많은 인물과 약속하셨고, 그 약속을 반드시 이루셨어요. 다음 성경 인물들에게 하나님이 이루신 약속의 내용을 찾아 알맞게 연결해 보세요.

다윗 언약

아브라함 언약

노아 언약

다시는 땅 위의 생물들을 홍수로 멸하지 않으리라. (창 9:8~17)

다윗 왕의 위(位)를 영원히 그의 후손에게 잇게 하리라. (삼하 7:5~16)

가나안 땅을 기업으로 주리라. (창 15:9~21)

그렇다면 하나님은 우리에게 무엇을 약속하셨나요? 아래 성경 구절을 찾아 빈칸을 채우고, 그 약속이 무엇인지 친구들과 함께 이야기를 나눠 보세요.

"볼지어다 그가 구름을 타고 ______________ 각 사람의 눈이 그를 보겠고 그를 찌른 자들도 볼 것이요 땅에 있는 모든 족속이 그로 말미암아 애곡하리니 그러하리라 아멘 주 하나님이 이르시되 나는 ______________ 와 ______________ 라 이제도 있고 전에도 있었고 장차 올 자요 전능한 자라 하시더라"(계 1:7~8).

ENCOURAGE

이번 주 미션

약속을 이루시는 하나님께 믿음으로 반응하고, 그분이 기뻐하시는 삶을 살기 위해 내가 할 일을 하루에 한 가지씩 실천해 보세요.

요 일	하나님이 기뻐하시는 삶을 위한 나의 실천	실천했나요? (O / X)
월		
화		
수		
목		
금		
토		

예배 일기

주일 예배에서 받은 은혜를 기억하며 예배 일기를 쓰세요.

날짜 년 월 일

가장 좋았던 찬양	
말씀 제목	
느낀 점	
기도	

4단원

DREAM WAVE UNIT 4

4단원 1과

하나님을 만나면 변화되어요

읽을 말씀 창세기 32장 21~32절

외울 말씀 그가 이르되 네 이름을 다시는 야곱이라 부를 것이 아니요 이스라엘이라 부를 것이니 이는 네가 하나님과 및 사람들과 겨루어 이겼음이니라 (창세기 32장 28절)

원 포인트 하나님을 만나면 변화를 경험한다.

WELCOME

만나면 변한다!

다음 색이 서로 만나면 어떤 색으로 변할까요? 그 색을 색연필로 칠해 보세요. 그리고 각각의 색이 다른 색을 만나 새로운 색으로 변한 것처럼 누가 내게 변화를 가져다주었는지 생각해 보고 친구들과 함께 이야기를 나눠 보세요.

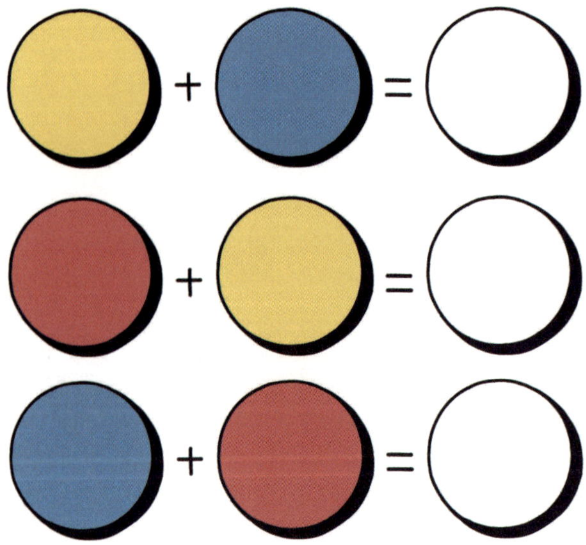

ADVENTURE

본문 말씀을 기억하며 다음 질문에 해당하는 답을 가로, 세로, 대각선에서 찾아보세요.

가	디	나	야	안	번	형	창
람	씨	곱	아	이	스	라	엘
일	나	름	동	이	밧	성	대
말	딸	순	에	서	름	얍	복
축	복	그	침	삭	골	단	사
미	이	허	랄	블	브	은	혜
거	암	벅	종	기	세	니	랑
아	주	지	장	명	짜	셋	엘

1 야곱의 가족은 고향 집으로 돌아가기 위해 어느 강을 건넜나요? (창 32:22) ○○강

2 야곱은 홀로 남아 무엇을 하고 있었나요? (창 32:24) ○○

3 여호와의 사자는 야곱을 이기지 못하게 되자 어떻게 했나요?
"자기가 야곱을 이기지 못함을 보고 그가 야곱의 ○○○ 관절을 치매"(창 32:25a).

4 야곱은 여호와의 사자에게 무엇을 요구했나요? (창 32:26) ○○

5 하나님은 야곱의 이름을 무엇으로 바꾸어 주셨나요? (창 32:28) ○○○○

6 하나님과 대면하여 생명을 얻은 곳을 무엇이라고 불렀나요? (창 32:30) ○○○

VALUE

하나님을 만나 변화된 사람들

하나님을 만난 모세와 바울이 어떻게 변화되었는지 적어 보세요. 그리고 하나님을 만나 변화되기 전과 후의 내 모습을 적고 친구들과 함께 이야기를 나눠 보세요.

모 세

하나님을 만난 후

바 울

하나님을 만난 후

하나님을 만난 후

⟹

ENCOURAGE

이번 주 미션

하나님을 만나면 우리는 변화되어요. 매일 하나님을 만나기 위한 계획을 세우고 실천해 보세요.

요 일	시간	장소	계획	실천했나요? (O / X)
월				
화				
수				
목				
금				
토				

(하나님을 만나기 위한 계획: 시간 / 장소 / 계획)

예배 일기

주일 예배에서 받은 은혜를 기억하며 예배 일기를 쓰세요.

날짜 년 월 일

가장 좋았던 찬양	
말씀 제목	
느낀 점	
기도	

4단원 2과

환난 날에도 하나님을 예배해요

읽을 말씀 창세기 35장 1~15절

외울 말씀 나의 환난 날에 내가 주께 부르짖으리니 주께서 내게 응답하시리이다 (시편 86편 7절)

원 포인트 환난 날에 응답하신 하나님을 예배해야 한다.

WELCOME

추억

다음 물건들을 보면 떠오르는 기억이 있나요? 생각나는 추억을 친구들과 함께 이야기해 보세요.

ADVENTURE

본문 말씀을 기억하며 가로세로 낱말 퀴즈를 풀어 보세요.

1			2			8	
					9		
		3					
4							5
						6	
					7		

가로 열쇠

1 하나님은 야곱의 이름을 무엇으로 바꾸셨나요? (창 35:10) ◯◯◯◯

3 에서를 피해 도망치던 야곱이 자신과 함께하시는 하나님을 만난 곳을 ◯◯로 불렀습니다(창 35:6).

6 벧엘로 간 야곱은 가장 먼저 무엇을 했나요? (창 35:7) ◯◯을 쌓았습니다.

7 아브라함의 본래 이름은 무엇인가요? (창 11:26) ◯◯◯

8 "나의 ◯◯ 날에 내가 주께 부르짖으리니 주께서 내게 응답하시리이다"(시 86:7).

9 우리는 예배 시간에 두 손 모아 하나님께 ◯◯했습니다.

세로 열쇠

1 야곱의 아버지는 누구인가요? (창 35:12) ◯◯

2 야곱이 밧단아람에서 돌아온 후 벧엘에 제단을 쌓은 뒤 이곳에 붙인 이름은 무엇입니까? (창 35:7) ◯◯◯

4 야곱은 이방 신상들과 귀걸이들을 세겜 근처 어느 나무 아래에 묻었나요? (창 35:4) ◯◯◯ 나무

5 야곱이 20년 동안 머문 외삼촌 라반의 집은 어디에 있었나요? (창 35:9) ◯◯◯◯

8 야곱은 여호와의 사자와 씨름하다 엉덩이뼈가 부러졌는데, 그 뼈를 다른 말로 무엇이라고 하나요? (창 32:25) ◯◯◯

VALUE

예배자 야곱

야곱은 홀로 있을 때도, 두려운 순간에도, 죽음 앞에서도 하나님을 예배했어요. 야곱이 예배한 곳의 이름을 적어 보세요. 그리고 야곱처럼 어려운 상황에서도 하나님을 예배한 경험이 있다면 적고, 친구들과 함께 이야기를 나눠 보세요.

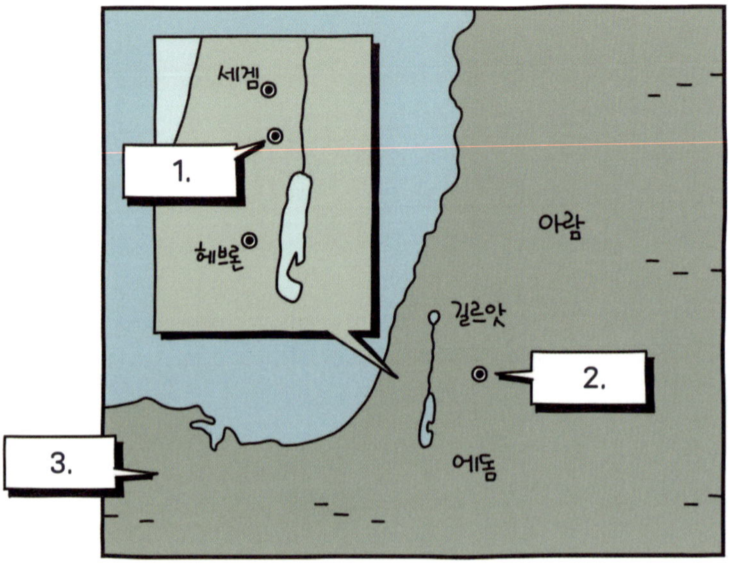

1 ◯◯(창 28:18~19): 형 에서를 피해 밧단아람으로 도망가던 야곱이 자신과 함께하시는 하나님을 만난 곳이다.

2 ◯◯◯(창 32:24~30): 밧단아람에서 가나안으로 가던 중 하나님을 만나 야곱의 이름이 이스라엘로 바뀐 곳이다.

3 ◯◯(창 47:27~31): 마지막으로 야곱이 죽기 전에 하나님께 예배한 곳이다.

어려운 순간에도 나와 함께하시는 하나님을 예배한 적이 있나요?

ENCOURAGE

이번 주 미션

어떤 순간에도 나와 함께하시는 하나님을 예배하겠다고 결단하며 하루에 한 문장씩 적어 보세요.
(예: "나는 외롭고 슬플 때 사람이 아닌 하나님 앞에 나아가겠습니다" 등)

요 일	나의 결단
월	
화	
수	
목	
금	
토	

예배 일기

주일 예배에서 받은 은혜를 기억하며 예배 일기를 쓰세요.

날짜 년 월 일

가장 좋았던 찬양	
말씀 제목	
느낀 점	
기도	

4단원 3과

하나님이 기뻐하시는 일을 꿈꿔요

읽을 말씀 창세기 37장 1~11절

외울 말씀 너희 안에서 행하시는 이는 하나님이시니 자기의 기쁘신 뜻을 위하여 너희에게 소원을 두고 행하게 하시나니 (빌립보서 2장 13절)

원 포인트 하나님은 꿈을 주시는 분이다.

WELCOME

꿈은 이루어진다!

마틴 루터 킹 목사님의 연설을 읽고 질문에 답한 후 친구들과 함께 이야기를 나눠 보세요.

"오늘도 내일도 어려움은 쌓여 있습니다. 그러나 저에게는 꿈이 있습니다. 언젠가는 불의와 억압의 열기에 신음하던 저 황폐한 미시시피 주가 자유와 평등의 오아시스가 되리라는 꿈입니다. 나의 네 자녀가 피부색이 아니라 인격에 따라 평가받는 그런 나라에 살게 되는 날이 오리라는 꿈입니다. … 앨라배마 주가 변하여, 흑인 소년 소녀들이 백인 소년 소녀들과 손을 잡고 형제자매처럼 함께 걸어갈 수 있게 되는 꿈입니다."

– 1963년 8월 28일 워싱턴 대행진 연설문 중에서

목사님이 꾼 꿈은 무엇인가요?

"오래오래 행복하게 사는 것이 모든 사람의 염원일 것입니다. 하지만 저에게는 그런 염원이 없습니다. 저는 오로지 하나님의 뜻을 따르고자 할 뿐입니다. … 하지만 여러분은 오늘 저녁 분명히 알아 두셔야 합니다. 여러분 모두가 하나님의 백성으로서 저 '약속의 땅'에 들어가게 될 날이 반드시 오고야 말리라는 것을."

– 1968년 4월 3일, 마틴 루터 킹의 마지막 연설 중에서

목사님의 마지막 연설문을 통해 그 꿈이 누구에게서 시작되었다는 것을 알 수 있나요?

ADVENTURE

창세기 37장 1~11절을 읽고, 〈보기〉에서 답을 찾아 빈칸을 채우고 질문에 답하세요.

1 야곱이 가나안 땅 곧 그의 아버지가 거류하던 땅에 거주하였으니
2 야곱의 족보는 이러하니라 요셉이 십칠 세의 소년으로서 그의 형들과 함께 양을 칠 때에 그의
아버지의 아내들 빌하와 실바의 아들들과 더불어 함께 있었더니 그가 그들의 잘못을 아버지에
게 말하더라
3 요셉은 노년에 얻은 아들이므로 이스라엘이 여러 아들들보다 그를 더 사랑하므로 그를 위하여
○○○을 지었더니
4 그의 형들이 아버지가 형들보다 그를 더 사랑함을 보고 그를 미워하여 그에게 편안하게 말할
수 없었더라
5 요셉이 ○을 꾸고 자기 형들에게 말하매 그들이 그를 더욱 미워하였더라
6 요셉이 그들에게 이르되 청하건대 내가 꾼 꿈을 들으시오
7 우리가 밭에서 곡식 단을 묶더니 내 단은 일어서고 당신들의 단은 내 단을 둘러서서 ○
○○○○
8 그의 형들이 그에게 이르되 네가 참으로 우리의 왕이 되겠느냐 참으로 우리를 다스리게 되겠느
냐 하고 그의 꿈과 그의 말로 말미암아 그를 더욱 미워하더니
9 요셉이 다시 꿈을 꾸고 그의 형들에게 말하여 이르되 내가 또 꿈을 꾼즉 해와 달과 ○○
○이 내게 절하더이다 하니라
10 그가 그의 꿈을 아버지와 형들에게 말하매 아버지가 그를 꾸짖고 그에게 이르되 네가 꾼 꿈이
무엇이냐 나와 네 어머니와 네 형들이 참으로 가서 땅에 엎드려 네게 절하겠느냐
11 그의 형들은 ○○하되 그의 아버지는 그 말을 간직해 두었더라

보 기	약속	시기	은혜	채색옷	열한 별	꿈	절하더이다	르우벤

1 요셉의 형들은 왜 요셉을 미워했나요? (창 37:2~4)

2 요셉이 꾼 꿈 두 가지는 무엇을 의미하나요? (창 37:5~10)

3 하나님이 요셉에게 꿈을 보여 주신 이유는 무엇일까요? (빌 2:13)

VALUE

진짜 꿈에는 하나님의 계획이 있어!

다음에 나온 요셉의 드림 스토리를 완성하고, 내 드림 스토리를 작성해 보세요.

요셉의 드림 스토리

꿈의 시작

형들이 ________ 이 절하는 꿈

해와 달, 열한 별이 ______ 하는 꿈

요셉이 꾼 꿈

애굽의 ________ 가 된 요셉

하나님의 계획

이스라엘 백성의

________ 을 구하심

나의 드림 스토리

"너희 안에서 행하시는 이는 하나님이시니 자기의 기쁘신 뜻을 위하여 너희에게 소원을 두고 행하게 하시나니"(빌 2:13).

내 마음의 소원

하나님이 기뻐하시는 꿈

꿈의 목적

내 꿈으로 하나님을 기쁘시게 하려면 무엇을 준비하고 실천해야 할까요?

ENCOURAGE

이번 주 미션

내 꿈이 하나님을 기쁘시게 하는 꿈이 되도록 매일 하나님께 기도해 보세요.

요 일	하나님의 꿈을 꾸기 위한 나의 기도	기도했나요? (O / X)
월		
화		
수		
목		
금		
토		

예배 일기

주일 예배에서 받은 은혜를 기억하며 예배 일기를 쓰세요.

날짜 년 월 일

가장 좋았던 찬양	
말씀 제목	
느낀 점	
기도	

4단원 4과

죄를 멀리하는 사람은 형통해요

읽을 말씀 창세기 39장 1~10절

외울 말씀 악을 떠나는 것은 정직한 사람의 대로이니 자기의 길을 지키는 자는 자기의 영혼을 보전하느니라 (잠언 16장 17절)

원 포인트 하나님은 악을 멀리하는 사람을 형통하게 하신다.

WELCOME

행동할 때 하나님을 생각해!

다음 그림은 어떤 행동을 조심하라고 알려 주고 있어요. 빈칸에 조심해야 할 행동을 적어 보세요. 그리고 하나님이 항상 지켜보신다고 생각한다면 우리 행동이 얼마나 달라질지 친구들과 함께 이야기를 나눠 보세요.

ADVENTURE

본문 말씀을 기억하며 다음 문제를 풀어 보세요.

1 요셉은 바로의 친위대장인 누구의 노예가 되었나요? (창 39:1)

답 ________

2 다음 암호를 차례대로 풀어서 성경 말씀을 완성해 보세요.

암호: ●▣=▼◐, ●※★◇♣★

답 "그의 주인이 여호와께서 그와 ◯ ◯ 하심을 보며 또 여호와께서 그의 범사에 ◯ ◯ 하게 하심을 보았더라"(창 39:3).

암호	♣	▣	♡	▶	◐	※
자음	ㅗ	ㅏ	ㅜ	ㅑ	ㅖ	ㅕ
암호	●	★	=	◑	▼	◇
모음	ㅎ	ㅇ	ㅁ	ㅂ	ㄲ	ㅌ

3 노예였던 요셉은 보디발의 집에서 가정 총무가 되었다(창 39:4). (O/X)

답 ________

4 하나님이 요셉에게 복을 내리셔서 요셉이 일하는 애굽 사람의 집과 밭이 복을 받았다(창 39:5). (O/X)

답 ________

5 다음 설명 중 틀린 것은?

답 ________

① 보디발의 아내가 요셉을 유혹했을 때, 요셉은 이를 거절했다.

② 요셉은 하나님 앞에 큰 죄를 지을 수 없다고 고백했다.

③ 요셉은 보디발의 아내를 거절하고 억울하게 감옥에 갇혔다.

④ 보디발은 요셉에게 그의 아내도 맡겼다.

6 다음 빈칸에 공통으로 들어갈 단어는 무엇인가요?

답 ________

"내가 어찌 이 큰 ◯ 을 행하여 하나님께 죄를 지으리이까"(창 39:9b).

"◯ 을 떠나는 것은 정직한 사람의 대로이니"(잠 16:17a).

VALUE

하나님 앞에서 죄를 멀리해요

요셉은 항상 하나님 앞에서 행동하듯 살았기 때문에 죄에서 멀어질 수 있었어요. 하나님은 그런 요셉을 기뻐하시고 고난 가운데 승리하는 사람으로 형통하게 하셨어요. 이 내용을 빈칸에 정리하고, 나는 하나님 앞에서 얼마나 죄를 멀리하고 있는지 체크해 보세요.

요셉의 형통 비결

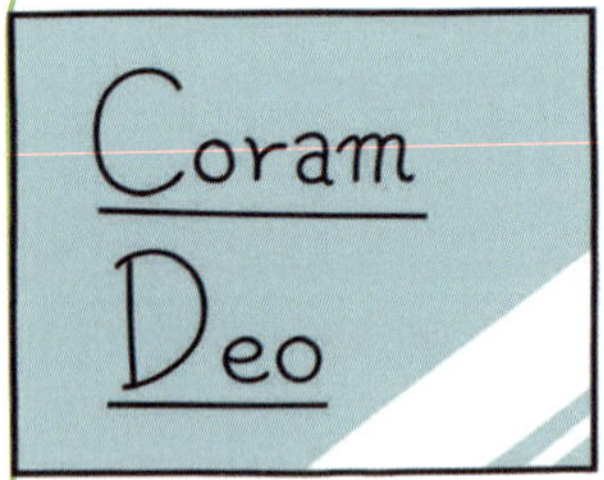

하나님 ____________ 에서

⇓

요셉은 언제나 하나님 앞에서 행동하듯 살았어요.

죄의 유혹을 받는 순간

⇓

요셉은 죄의 유혹을 뿌리쳤어요.

간수장 요셉/국무총리가 된 요셉

____________ 의 삶

⇓

하나님이 요셉을 고난 가운데서 승리하게 하셨어요.

나는 하나님 앞에서 얼마나 죄를 멀리하고 있나요? 다음 보기에 '그렇다'라고 대답할 때마다 나무 열매를 하나씩 색칠하세요.

❶ 나는 불리한 상황에서도 거짓말하지 않는다.

❷ 부모님 몰래 지갑에서 돈을 가져가지 않는다.

❸ 인스타그램이나 페이스북 등 SNS에서 친구에게 상처 주는 말을 하지 않는다.

❹ 힘이 약한 친구를 놀리지 않는다.

❺ 동생의 물건을 탐내지 않는다.

❻ 주일에 친구들과 약속을 잡지 않는다.

❼ 숙제할 때 답안지를 베껴서 내지 않는다.

❽ 기타 (   )

ENCOURAGE

이번 주 미션

하나님 앞에서 죄를 멀리하기 위해 내가 매일 노력해야 할 행동을 실천해 보세요.

요 일	죄를 멀리하기 위한 행동	실천했나요? (O / X)
월		
화		
수		
목		
금		
토		

예배 일기

주일 예배에서 받은 은혜를 기억하며 예배 일기를 쓰세요.

날짜 년 월 일

가장 좋았던 찬양	
말씀 제목	
느낀 점	
기도	

5단원

DREAM WAVE UNIT 5

- 1과 하나님은 지혜로운 자를 높이세요
- 2과 하나님이 우리 죄를 깨닫게 하세요
- 3과 하나님의 뜻대로 용서해요
- 4과 고난 중에도 번성하게 하세요
- 5과 부르심에 겸손하게 순종해요

5단원 1과

하나님은 지혜로운 자를 높이세요

읽을 말씀 창세기 41장 37~45절

외울 말씀 하나님은 나를 돕는 이시며 주께서는 내 생명을 붙들어 주시는 이시니 이다 (시편 54편 4절)

원 포인트 하나님이 지혜로운 자를 높이신다.

WELCOME

영어 단어를 찾아라!

다음 그림의 영어 단어를 적고, 이를 조합해 새로운 단어를 완성해 보세요.

① 

1번째 알파벳

② 

2번째 알파벳

③ 

3번째 알파벳

④ 

1번째 알파벳

⑤ 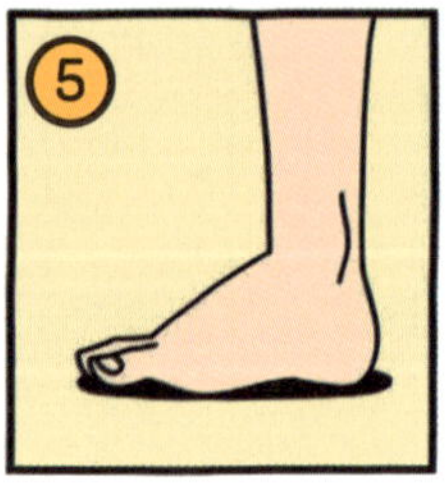

3번째 알파벳

⑥ 

1번째 알파벳

ADVENTURE

본문 말씀을 기억하며 다음 질문에 해당하는 답을 가로, 세로, 대각선에서 찾아보세요.

물	확	흑	옛	반	귤	천	복
바	로	필	암	지	혜	스	종
이	불	기	관	갔	았	곤	론
하	총	리	노	명	철	드	몬
초	효	흰	삭	로	령	전	금
공	왕	강	손	김	정	유	사
허	좌	두	세	마	포	하	슬
퍼	커	계	연	면	대	개	게

1 창세기 41장 37절 말씀을 완성해 보세요.

"◯◯와 그의 모든 신하가 이 일을 좋게 여긴지라"(창 41:37).

2 바로가 요셉에게 약속한 것은 무엇인가요? 빈칸에 들어갈 답을 찾아 다음 말씀을 완성해 보세요.

"너는 내 집을 다스리라 내 백성이 다 네 ◯◯에 ◯◯하리니 내가 너보다 높은 것은 내 ◯◯뿐이니라"(창 41:40).

3 요셉이 맡게 된 직책은 무엇인가요? (창 41:41) ◯◯

4 바로가 요셉을 애굽의 총리로 세우면서 입혀 준 것은 무엇인가요?

"자기의 인장 ◯◯를 빼어 요셉의 손에 끼우고 그에게 ◯◯◯옷을 입히고 ◯◯◯을 목에 걸고"(창 41:42).

5 하나님의 영에 감동된 사람의 특징은 무엇인가요?

"너와 같이 ◯◯하고 ◯◯있는 자가 없도다"(창 41:39).

VALUE

지혜로운 사람의 조건!

하나님이 높이시는 지혜로운 사람이 갖추어야 할 조건은 무엇일까요? 성경에 등장하는 지혜로운 사람들을 살펴보고, 그 사람들의 특징을 적어 보세요.

성경 속 지혜로운 사람	지혜로운 사람의 특징
 요 셉	"그들이 그에게 이르되 우리가 꿈을 꾸었으나 이를 해석할 자가 없도다 요셉이 그들에게 이르되 해석은 하나님께 있지 아니하니이까 청하건대 내게 이르소서"(창 40:8). ⇒ 항상 하나님을 의지했어요.
 다니엘과 친구들	"다니엘은 뜻을 정하여 왕의 음식과 그가 마시는 포도주로 자기를 더럽히지 아니하리라 하고 자기를 더럽히지 아니하도록 환관장에게 구하니"(단 1:8). ⇒ 하나님께 ______ 을 정하여 자기를 더럽히지 않았어요.
 솔로몬	"주는 이제 내게 지혜와 지식을 주사 이 백성 앞에서 출입하게 하옵소서 이렇게 많은 주의 백성을 누가 능히 재판하리이까 하니"(대하 1:10). ⇒ 하나님께 다른 것이 아닌 ______ 를 구했어요.

ENCOURAGE

이번 주 미션

하나님이 높이시는 지혜로운 사람이 되기 위한 나의 다짐을 적고 하나님께 고백해 보세요.
(예: "나는 죄로 내 마음을 더럽히지 않겠습니다" 등)

요 일	지혜로운 사람이 되기 위한 나의 다짐	고백했나요? (O / X)
월		
화		
수		
목		
금		
토		

예배 일기

주일 예배에서 받은 은혜를 기억하며 예배 일기를 쓰세요.

날짜 년 월 일

가장 좋았던 찬양	
말씀 제목	
느낀 점	
기도	

5단원 2과

하나님이 우리 죄를 깨닫게 하세요

읽을 말씀 창세기 42장 18~25절

외울 말씀 자기의 죄를 숨기는 자는 형통하지 못하나 죄를 자복하고 버리는 자는 불쌍히 여김을 받으리라 (잠언 28장 13절)

원 포인트 하나님이 우리 죄를 깨닫게 하신다.

WELCOME

하나님은 죄를 싫어하세요!

다음 그림 중 하나님이 기뻐하시지 않는 행동을 골라 보세요.

ADVENTURE

본문 말씀을 기억하며 가로세로 낱말 퀴즈를 풀어 보세요.

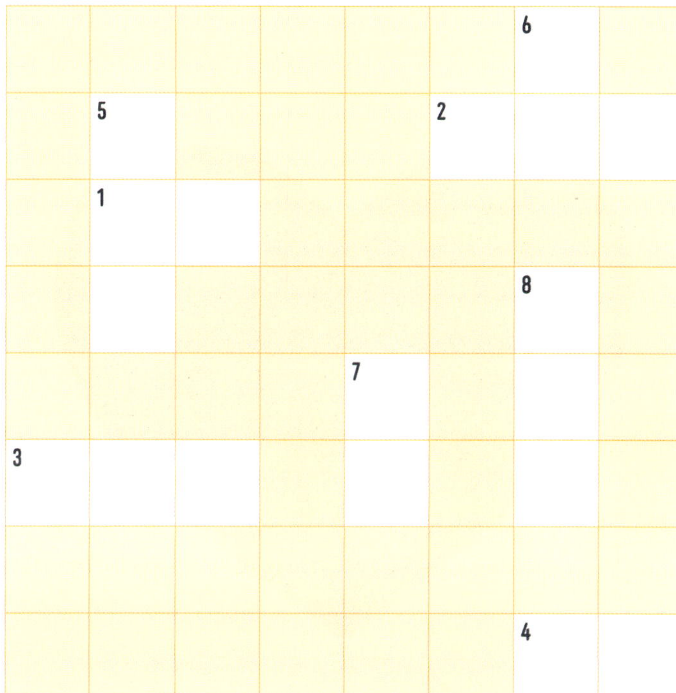

가로 열쇠

1 요셉은 형들을 가둔 지 며칠 만에 이야기를 시작했나요? (창 42:18) ○○

2 요셉을 죽이지 말자고 다른 형제들을 설득한 요셉의 형은 누구인가요? (창 42:22) ○○○

3 막냇동생 베냐민을 데리고 오는 동안 결박되어 있었던 요셉의 형은 누구인가요? (창 42:24) ○○○

4 요셉의 형들과 요셉이 대화할 때 ○○을 두고 했기 때문에 형들은 요셉이 그들의 말을 알아듣지 못하는 줄 알았습니다(창 42:23).

세로 열쇠

5 구약성경 일곱 번째 책의 이름은 무엇인가요? ○○○

6 요셉은 형들에게 막내 ○○를 데려오라고 말합니다(창 42:20).

7 맏형 르우벤은 다른 형제들에게 현재 무엇을 치르게 된 상황이라고 말했나요? (창 42:22) ○○

8 사흘 동안 갇혔던 형들에게 요셉은 "나는 ○○○을 경외하노니"라고 말했습니다(창 42:18).

VALUE

죄를 깨닫고 버려요

하나님이 깨닫게 하시는 자신의 죄를 솔직하게 적고, 다시는 그 죄를 짓지 않기로 결단해 보세요.

준비물

부록(검정색 하트),
검정색 볼펜

활동 방법

1. 부록에 있는 검정색 하트 종이를 뜯어 준비한다.
2. 검정색 하트에 하나님이 깨닫게 하시는 죄를 검정색 볼펜으로 적는다.
3. 아래 기도문을 읽으며, 죄를 버리게 해달라고 기도한다.
4. 죄를 버리기로 결단하고, 검정색 하트 종이를 손으로 찢어 쓰레기통에 버린다.

부록 142쪽

기도문

하나님 아버지, 저는 ______________________ 죄를 지었습니다. 저의 죄를 깨닫게 해 주셔서 감사합니다. 저의 죄를 용서해 주세요. 그리고 다시는 그런 죄를 짓지 않도록 도와주세요. 예수님의 이름으로 기도합니다. 아멘.

ENCOURAGE

이번 주 미션

한 주 동안 죄를 짓지 않기 위해 어떤 노력을 해야 할까요? 하루에 한 가지씩 적고 실천해 보세요.

요 일	죄를 짓지 않기 위한 노력	실천했나요? (O / X)
월		
화		
수		
목		
금		
토		

예배 일기

주일 예배에서 받은 은혜를 기억하며 예배 일기를 쓰세요.

날짜 년 월 일

가장 좋았던 찬양	
말씀 제목	
느낀 점	
기도	

5단원 3과

하나님의 뜻대로 용서해요

읽을 말씀 창세기 45장 1~15절

외울 말씀 당신들은 나를 해하려 하였으나 하나님은 그것을 선으로 바꾸사 오늘과 같이 많은 백성의 생명을 구원하게 하시려 하셨나니 (창세기 50장 20절)

원 포인트 하나님의 뜻을 깨달은 사람은 용서할 수 있다.

WELCOME

내 사과를 받아 줘

누군가 내게 진심으로 미안하다고 용서를 구한 적이 있나요? 그때 나는 어떻게 행동했나요? 친구들과 함께 나눠 보세요.

ADVENTURE

창세기 45장 3~10절을 읽고, 〈보기〉에서 답을 찾아 빈칸을 채우고 질문에 답하세요.

3 요셉이 그 ○ 들에게 이르되 나는 요셉이라 내 아버지께서 아직 살아 계시니이까 형들이
그 앞에서 놀라서 대답하지 못하더라
4 요셉이 형들에게 이르되 내게로 가까이 오소서 그들이 가까이 가니 이르되 나는 당신들의 아
우 요셉이니 당신들이 애굽에 판 자라
5 당신들이 나를 이 곳에 팔았다고 해서 근심하지 마소서 한탄하지 마소서 하나님이 생명을
○○ 하시려고 나를 당신들보다 먼저 보내셨나이다
6 이 땅에 이 년 동안 ○○ 이 들었으나 아직 오 년은 밭갈이도 못하고 추수도 못할지라
7 하나님이 큰 구원으로 당신들의 생명을 보존하고 당신들의 후손을 세상에 두시려고 나를 당
신들보다 먼저 보내셨나니
8 그런즉 나를 이리로 보낸 이는 당신들이 아니요 ○○○ 이시라 하나님이 나를 바로
에게 아버지로 삼으시고 그 온 집의 주로 삼으시며 애굽 온 땅의 통치자로 삼으셨나이다
9 당신들은 속히 ○○○ 께로 올라가서 아뢰기를 아버지의 아들 요셉의 말에 하나님
이 나를 애굽 전국의 주로 세우셨으니 지체 말고 내게로 내려오사
10 아버지의 아들들과 아버지의 손자들과 아버지의 양과 소와 모든 소유가 고센 땅에 머물며 나
와 가깝게 하소서

보 기

형 보호 구원 풍년 흉년 하나님 여호와 아버지

1 요셉이 형들에게 자신이 요셉임을 밝히며 아버지의 안부를 묻자 형들의 반응은 어땠나요? (창 45:3)

2 요셉은 자신이 형들보다 먼저 애굽으로 오게 된 이유가 무엇이라고 말했나요? (창 45:5, 7)

3 하나님은 애굽에서 요셉을 어떤 사람으로 세워 주셨나요? (창 45:8)

VALUE

용서 톡!

하나님은 우리가 요셉처럼 우리에게 잘못한 사람을 용서하길 원하십니다. 하나님이 보내신 톡에 용서를 결단하며 답장을 적어 보세요.

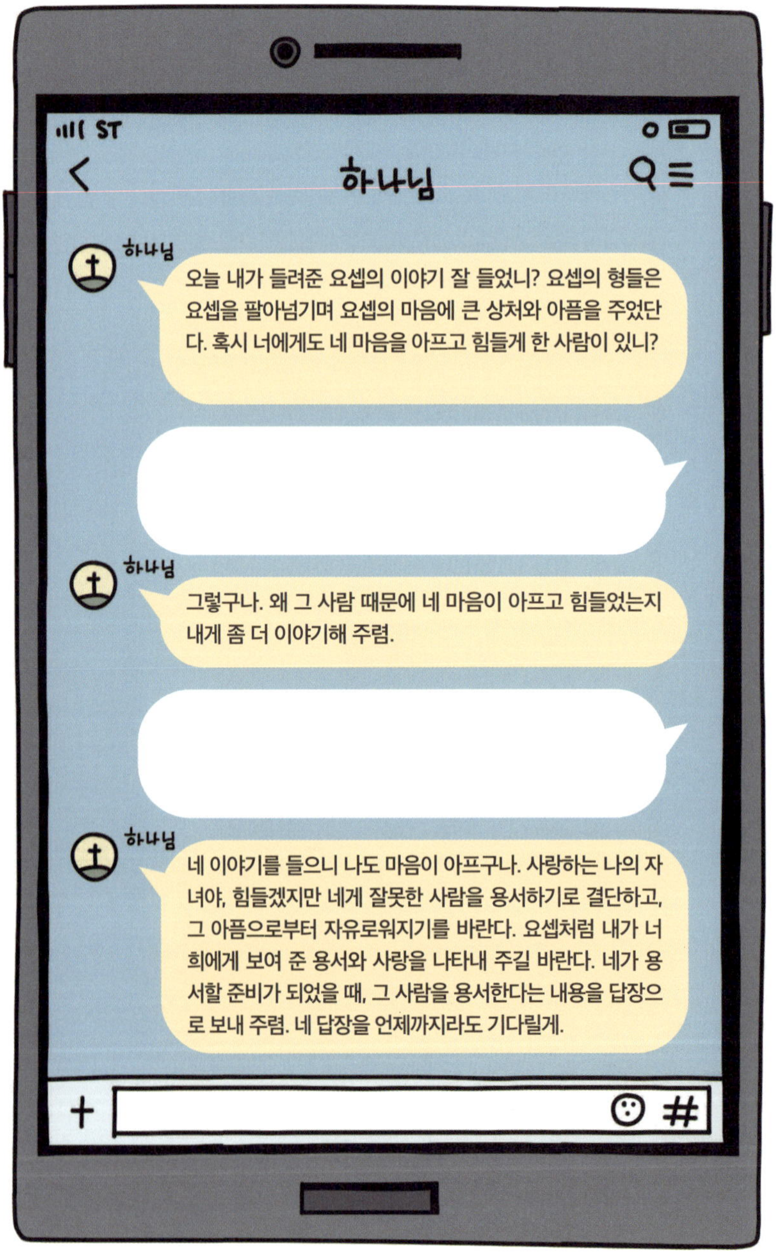

ENCOURAGE

이번 주 미션

한 주간 다른 사람 때문에 마음 아픈 일이 생긴다면 하나님의 뜻이 무엇인지 기도로 물어보세요. 그리고 하나님의 뜻대로 용서를 실천해 보세요.

요 일	마음 아픈 일	하나님의 뜻	용서했나요? (O / X)
	예 친구가 약속을 지키지 않았어요.	예 하나님이 다른 사람의 잘못을 용서하라고 하셨어요.	
월			
화			
수			
목			
금			
토			

예배 일기

주일 예배에서 받은 은혜를 기억하며 예배 일기를 쓰세요.

날짜 년 월 일

가장 좋았던 찬양	
말씀 제목	
느낀 점	
기도	

5단원 4과

고난 중에도 번성하게 하세요

읽을 말씀 출애굽기 1장 1~14절

외울 말씀 내가 너희를 돌보아 너희를 번성하게 하고 너희를 창대하게 할 것이며 내가 너희와 함께 한 내 언약을 이행하리라 (레위기 26장 9절)

원 포인트 하나님이 고난 중에도 번성하게 하신다.

WELCOME

셀 수 없이 많아졌어요!

말린 미역을 물에 불려 본 적이 있나요? 미역이 어떻게 변하는지 친구와 함께 이야기를 나눠 보세요. 또 그런 변화를 보여 주는 것으로 무엇이 있는지 서로 이야기해 보세요.

ADVENTURE

본문 말씀을 기억하며 다음 문제를 풀어 보세요.

1 야곱이 자기 가족을 데리고 가서 살았던 나라는 어디인가요? (출 1:1) 답 ______

2 야곱에게서 나온 사람은 모두 몇 명인가요? (출 1:5) 정답이 나오도록 수식을 완성해 보세요.
10 X ________ = ________ 답 ______

3 성경 말씀을 찾아 초성으로 표시된 단어가 무엇인지 적어 보세요. 답 ______
"이스라엘 자손은 ㅅㅇ하고 불어나 ㅂㅅ하고 매우 강하여 온 땅에 ㄱㄷ하게 되었더라"(출 1:7).

4 이스라엘 백성은 요셉이 살아 있을 때 학대를 받았다(출 1:8~14). (○/X)
답 ______

5 애굽 왕은 이스라엘 백성이 자신들보다 약하다고 생각했다(출 1:9). (○/X)
답 ______

6 애굽 왕이 이스라엘 백성을 두려워한 이유는 무엇인가요? (출 1:10) 답 ______
① 더 많아지면 식량이 부족해질까 봐
② 더 많아지면 이스라엘 백성이 애굽의 대적과 합세해 전쟁을 일으킬까 봐
③ 더 친해지면 일을 시키기 힘들까 봐
④ 더 친해지면 우상을 버리게 될까 봐

7 다음 암호를 보고 키보드를 이용해 성경 말씀을 완성해 보세요.
암호: QJSTJD

답 "이스라엘 백성은 학대를 받을수록 더욱 ◯◯ 하여 퍼져 나갔어요"(출 1:12).

8 애굽 왕이 이스라엘 백성에게 시킨 어려운 노동을 모두 고르세요(출 1:14). 답 ______
① 분리 수거 ② 농사 ③ 흙 이기기 ④ 잡초 뽑기 ⑤ 페인트칠하기 ⑥ 벽돌 굽기

VALUE

고난 가운데 용기를!

다음 힌트를 따라 빈칸에 들어갈 글자를 표 안에서 찾아 적어 보세요.

①⇩ (3열 위), ②⇨ (3행 왼쪽), ⇧③ (2열 아래)

절망	포기	사랑	용서	낙심	행복
소망	친절	미움	기쁨	고난	고통
교만	평안	용기	수치	질투	자비
저주	번성	실망	오해	불평	은혜
나눔	칭찬	확신	원망	욕심	보호

힌트

❶ ○○ : 남쪽 4칸, 동쪽 3칸, 북쪽 2칸, 서쪽 1칸

❷ □□ : 동쪽 3칸, 남쪽 2칸, 서쪽 1칸, 북쪽 1칸

❸ △△ : 북쪽 4칸, 동쪽 3칸, 남쪽 1칸, 서쪽 2칸

감당하기 힘든 ○○ 이 우리를 찾아올 때가 있어요.

하나님은 ○○ 중에도 우리를 □□ 하게 하세요.

그러므로 우리는 하나님을 신뢰하며 △△ 를 가질 수 있어요.

요즘 내게 찾아온 고난은 무엇인가요? 그 고난 가운데 용기를 갖게 해 달라고 하나님께 기도해 보세요.

ENCOURAGE

이번 주 미션

고난 중에도 번성하게 하시는 하나님을 신뢰하며 Value에 적은 기도문으로 매일 기도해 보세요. 그리고 하나님이 어떤 마음을 주셨는지 적어 보세요.

요 일	기도했나요? (O / X)	하나님이 주신 마음
월		
화		
수		
목		
금		
토		

예배 일기

주일 예배에서 받은 은혜를 기억하며 예배 일기를 쓰세요.

날짜 년 월 일

가장 좋았던 찬양	
말씀 제목	
느낀 점	
기도	

5단원 5과

부르심에 겸손하게 순종해요

읽을 말씀 출애굽기 3장 1~12절

외울 말씀 하나님이 이르시되 이리로 가까이 오지 말라 네가 선 곳은 거룩한 땅이니 네 발에서 신을 벗으라 (출애굽기 3장 5절)

원 포인트 하나님의 부르심에 겸손하게 순종해야 한다.

WELCOME

하나님이 부르셨어요!

불꽃 그림 속 미로를 빠져나가다 보면 곳곳에 글자가 있어요. 그 글자로 문장을 완성하고, 하나님이 모세를 불러 하신 말씀이 무엇인지 이야기해 보세요.

ADVENTURE

본문 말씀을 기억하며 모세의 두 가지 프로필을 완성해 보세요.

프로필 1

신분 애굽 왕자

사는 곳 ______

하는 일 애굽 왕자로서 귀족 신분에 걸맞는 교육을 받음

가장 기억에 남는 일

애굽 사람을 죽인 일로 바로를 피해 도망가게 됨

프로필 2

신분 ______

사는 곳 ______

하는 일 광야에서 양을 치며 힘없이 살아감

가장 기억에 남는 일

______

VALUE

겸손하게 순종해요!

하나님의 부르심에 겸손하게 순종하는 말을 찾아 ○표를 해 보세요. 그리고 나는 하나님께 어떤 순종의 고백을 할지 빈 말풍선에 적어 보세요.

"저는 제 힘으로 무엇이든 할 수 있어요!"

"하나님이 무엇을 말씀하시든 순종할게요."

"제 연약함을 맡겨 드리며 하나님만 의지할게요."

"저는 다른 친구들과 비교해 꽤 괜찮은 사람이에요."

"하나님이 미워하시는 죄를 저도 미워할게요."

ENCOURAGE

이번 주 미션

5월에 배운 말씀을 떠올리며 적고,. 매주 주신 하나님의 말씀에 겸손하게 순종해 보세요.
(예: "하나님께 지혜를 구해요" 등)

요 일	5월에 배운 말씀	실천했나요? (O / X)
월		
화		
수		
목		
금		
토		

예배 일기

주일 예배에서 받은 은혜를 기억하며 예배 일기를 쓰세요.

날짜 　　년 　월 　일

가장 좋았던 찬양	
말씀 제목	
느낀 점	
기도	

6단원

DREAM WAVE UNIT 6

1과 오직 하나님만이 참 하나님이에요

2과 어린양으로 구원하셨어요

3과 하나님이 돌봐 주세요

4과 능력의 하나님께 맡겨요

6단원 1과

오직 하나님만이 참 하나님이에요

읽을 말씀 출애굽기 7장 8~25절

외울 말씀 여호와여 신 중에 주와 같은 자가 누구니이까 주와 같이 거룩함으로 영광스러우며 찬송할 만한 위엄이 있으며 기이한 일을 행하는 자가 누구니이까 (출애굽기 15장 11절)

원 포인트 하나님만이 유일한 신이심을 기억해야 한다.

WELCOME

고집 때문에 생긴 일

바로의 고집 때문에 애굽 온 나라가 벌을 받았어요. 나는 언제 하나님 말씀을 듣지 않고 고집을 부리나요? 버려야 할 고집이 있다면 무엇인지 적어 보세요.

ADVENTURE

본문 말씀을 기억하며 다음 질문에 해당하는 답을 가로, 세로, 대각선에서 찾아보세요.

나	확	어	옛	망	귤	완	방
다	일	필	여	호	와	스	강
이	리	강	술	요	와	곤	하
아	론	란	루	호	더	드	나
초	효	림	여	트	집	구	님
공	브	강	세	이	개	바	사
허	더	모	지	팡	이	하	로
퍼	커	스	연	면	대	배	게

1 하나님이 이스라엘 백성을 애굽에서 이끌어 내시려고 모세와 ◯◯ 을 부르셨어요(출 7:8).

2 모세와 아론은 누구에게 하나님이 명령하신 대로 이스라엘 자손을 애굽에서 내보내라고 말했나요? (출 7:2) ◯◯

3 하나님은 바로가 이적을 보이라고 요구하면 아론에게 무엇을 던지라고 말씀하셨나요? 빈칸에 들어갈 단어를 찾아 문장을 완성해 보세요.
"여호와께서 명령하신 대로 행하여 아론이 바로와 그의 신하 앞에 ◯◯◯ 를 던지니 뱀이 된지라"(출 7:10b).

4 하나님의 말씀대로 모세와 아론이 전한 말을 듣고도 바로의 마음이 ◯◯ 하여 이스라엘 백성 보내기를 거절했어요(출 7:14).

5 모세와 아론이 여호와께서 명령하신 대로 바로와 그의 신하의 목전에서 지팡이를 들자 어디의 물이 다 피로 변했나요? (출 7:20) ◯◯ ◯

6 다음 문장 안에 공통으로 들어갈 단어는 무엇일까요?
"내가 내 손을 애굽 위에 펴서 이스라엘 자손을 그 땅에서 인도하여 낼 때에야 애굽 사람이 나를 ◯◯◯ 인 줄 알리라 하시매"(출 7:5).
"여호와가 이같이 이르노니 네가 이로 말미암아 나를 ◯◯◯ 인 줄 알리라"(출 7:17).

VALUE

하나님만이 참 하나님!

하나님은 애굽 사람이 섬기는 신을 이용해 애굽 전체를 심판하셨어요. 다음 빈칸에 애굽에 내린 열 가지 재앙을 <보기>에서 찾아 순서대로 채워 보세요.

1번째 재앙

4번째 재앙

6번째 재앙

7번째 재앙

10번째 재앙

보 기

파리, 우박, 악성 종기, 물이 피로 변함,

장자와 처음 난 가축의 죽음

열 가지 재앙을 통해 애굽 사람들과 이스라엘 사람들은 하나님을 어떤 분이라고 생각하게 되었을까요?

오직 하나님만이 참 하나님이심을 믿고 섬기기 위해 내가 결심할 것은 무엇인가요?

ENCOURAGE

이번 주 미션

하나님을 모르고 잘못된 것을 따르는 주변 사람에게 하나님만이 참 하나님이시라는 사실을 전해 보세요.

요 일	하나님만이 참 하나님이심을 이렇게 전할 거예요	전했나요? (O / X)
월		
화		
수		
목		
금		
토		

예배 일기

주일 예배에서 받은 은혜를 기억하며 예배 일기를 쓰세요.

날짜 년 월 일

가장 좋았던 찬양	
말씀 제목	
느낀 점	
기도	

6단원 2과

어린양으로 구원하셨어요

읽을 말씀 출애굽기 12장 1~14절

외울 말씀 우리는 그리스도 안에서 그의 은혜의 풍성함을 따라 그의 피로 말미암아 속량 곧 죄 사함을 받았느니라 (에베소서 1장 7절)

원 포인트 하나님이 놀라운 은혜로 우리를 구원하신다.

WELCOME

특별한 액자

이스라엘 백성들은 매년 유월절 절기를 지키며 그들을 구원하신 하나님의 은혜를 기억했어요. 내게 하나님의 은혜를 기억하게 해 준 특별한 날이 있나요? 신앙생활을 하며 하나님을 가깝게 느낀 날을 액자 안에 그려 보세요.

ADVENTURE

본문 말씀을 기억하며 가로세로 낱말 퀴즈를 풀어 보세요.

						2	
	3						
4			7		6		8
	5						
				1			

가로 열쇠

1 하나님이 애굽에 내리신 열 가지 재앙은 피 - 개구리 - 이 - 파리 - 가축 돌림병 - 악성 종기 - 우박 - 메뚜기 - ○○ - 장자와 처음 난 가축의 죽음이에요(출 10:21~29).

3 하나님이 이스라엘 백성에게 열 번째 재앙을 피하려면 흠 없이 깨끗한 일 년 된 ○○ ○을 준비하라고 말씀하셨어요(출 12:3~5).

5 유월절에 이스라엘 백성은 어린 양을 잡아 그 피를 문에 바르고, 여행 준비를 한 뒤에 구운 고기와 쓴 나물과 ○○○을 먹어야 해요(출 12:7~8).

7 하나님이 애굽에 열 번째 재앙을 내리실 때 어린 양의 피를 바른 이스라엘 백성의 집은 재앙을 내리지 않고 넘어가셨어요. 이를 기념한 절기의 이름은 무엇인가요? (출 12:11) ○○○

세로 열쇠

2 하나님이 양의 피를 집 좌우 ○○○와 인방에 바르라고 말씀하셨어요(출 12:7).

4 애굽에 내린 열 번째 재앙으로 애굽 땅에 있는 사람이나 짐승을 막론하고 모든 ○○ 난 것이 죽게 되었어요(출 11:4~6).

6 하나님은 이스라엘 백성에게 열 번째 재앙에서 구원받은 날을 기념하여 여호와의 ○○로 삼고 대대로 지키도록 하셨어요(출 12:14).

8 '애굽을 탈출했다'라는 뜻을 가진 성경책의 이름은 무엇인가요? ○○○○

VALUE

문설주 컬러링

하나님은 애굽에 열 번째 재앙을 내리실 때, 어린 양의 피를 바른 이스라엘 백성의 집에는 재앙을 내리지 않고 넘어가셨어요. 어린양이신 예수님의 피를 통해 우리도 죄에서 구원받았어요. 컬러링 문설주를 완성하여 집(또는 교회) 문을 꾸미고 하나님의 크신 은혜를 기억해요.

부록
143쪽

ENCOURAGE

이번 주 미션

예수님의 보혈로 구원받은 하나님의 자녀는 세상과 구별되어 살아야 해요. 세상과 구별되어 살아가기 위해 무엇을 실천할지 적어 보세요.

요 일	구별된 하나님의 자녀로 살아가기 위한 나의 실천	실천했나요? (O / X)
월		
화		
수		
목		
금		
토		

예배 일기

주일 예배에서 받은 은혜를 기억하며 예배 일기를 쓰세요.

날짜 년 월 일

가장 좋았던 찬양	
말씀 제목	
느낀 점	
기도	

6단원 3과

하나님이 돌봐 주세요

읽을 말씀 출애굽기 12장 37~42절

외울 말씀 하나님이 이스라엘 자손을 돌보셨고 하나님이 그들을 기억하셨더라
(출애굽기 2장 25절)

원 포인트 하나님이 그분의 백성을 기억하고 구원하신다.

WELCOME

여행 가방을 챙겨요

오늘 갑자기 새로운 나라로 떠나야 한다면 어떤 물건을 챙겨 가고 싶은가요? 내가 챙겨 갈 물건 세 가지를 적어 보세요.

ADVENTURE

출애굽기 12장 37~42절을 읽고, 〈보기〉에서 답을 찾아 빈칸을 채우고 질문에 답하세요.

37 이스라엘 자손이 라암셋을 떠나서 숙곳에 이르니 유아 외에 보행하는 장정이 ◯◯ 만
가량이요
38 수많은 잡족과 양과 소와 심히 많은 ◯◯ 이 그들과 함께 하였으며
39 그들이 애굽으로부터 가지고 나온 발교되지 못한 반죽으로 ◯◯◯ 을 구웠으니 이
는 그들이 애굽에서 쫓겨나므로 지체할 수 없었음이며 아무 양식도 준비하지 못하였음이었
더라
40 이스라엘 자손이 애굽에 거주한 지 사백삼십 년이라
41 사백삼십 년이 끝나는 그 날에 여호와의 군대가 다 ◯◯ 땅에서 나왔은즉
42 이 밤은 그들을 애굽 땅에서 인도하여 내심으로 말미암아 여호와 앞에 지킬 것이니 이는
◯◯◯ 의 밤이라 이스라엘 자손이 다 대대로 지킬 것이니라

보기

쓴나물 무교병 육십 애굽 여호와 가축 사십 유월절

1 이스라엘 백성이 무교병을 만들게 된 이유는 무엇인가요? (출 12:39)

2 이스라엘 백성은 애굽에서 얼마 만에 나오게 되었나요? (출 12:41)

3 하나님은 이스라엘 백성이 출애굽을 하던 날 밤에 무엇을 하셨나요? (출 12:42)

VALUE

하나님의 밤

하나님은 이스라엘 백성이 애굽을 떠나던 날 밤에 밤새도록 이스라엘 백성을 지켜 주셨어요. 이스라엘 백성은 하나님의 인도하심을 따라 서둘러 애굽을 떠나야 했어요. 미로 속 초성 힌트를 따라가며 다음 문장을 완성하고, 하나님이 나를 돌보신 은혜를 함께 나눠 보세요.

하나님이 자기 백성을 ______________ 고 ______________ 하세요.

하나님이 나를 돌보고 인도하신 은혜를 적어 보세요.

ENCOURAGE

이번 주 미션

날마다 나를 돌보고 인도하시는 하나님께 감사의 마음을 고백해요.

요 일	하나님께 드리는 감사의 고백	실천했나요? (O / X)
월		
화		
수		
목		
금		
토		

예배 일기

주일 예배에서 받은 은혜를 기억하며 예배 일기를 쓰세요.

날짜 년 월 일

가장 좋았던 찬양	
말씀 제목	
느낀 점	
기도	

6단원 4과

능력의 하나님께 맡겨요

읽을 말씀 출애굽기 14장 10~25절

외울 말씀 여호와께서 너희를 위하여 싸우시리니 너희는 가만히 있을지니라 (출애굽기 14장 14절)

원 포인트 하나님이 큰 능력으로 우리를 인도하신다.

WELCOME

진퇴양난(進退兩難)

사자성어 '진퇴양난'은 이러지도 저러지도 못하는 어려운 처지를 뜻해요. 진퇴양난의 위기를 경험한 적이 있다면 어떤 일이었는지 친구들과 함께 이야기해 보세요.

ADVENTURE

본문 말씀을 기억하며 다음 문제를 풀어 보세요.

1 이스라엘 백성이 애굽에서 나온 후 일어난 일이에요. 다음 질문에 O, X로 답하세요.

(1) 이스라엘 자손이 애굽을 떠난 후 바로는 마음이 바뀌어 이스라엘 백성을 추격했다. 답 ______

(2) 이스라엘 백성 앞을 사해가 가로막아 더는 나아가지 못했다. 답 ______

2 홍해가 앞을 가로막고, 애굽 군대가 뒤쫓아오자 이스라엘 백성은 모세에게 뭐라고 말했나요?

① "여호와께서 큰 능력으로 우리를 애굽에서 인도하셨습니다!" 답 ______

② "애굽 사람을 섬기는 것이 광야에서 죽는 것보다 낫겠노라!"

③ "누가 너를 우리를 다스리는 자로 삼았느냐!"

④ "애굽에서 인도해 내어서 우리와 우리 자녀가 목말라 죽게 하느냐!"

3 다음 암호를 차례대로 풀어서 성경 말씀을 완성해 보세요.

암호: ⦿♬◎, ♣♠

답 "너희는 ○○○ 하지 말고 가만히 서서 여호와께서 오늘 너희를 위하여 행하시 ○○을 보라."

암호	♬	♥	☆	■	♣
글자	려	랑	거	망	구
암호	▼	●	♠	◎	⦿
글자	즐	소	원	워	두

4 하나님의 말씀대로 모세가 지팡이를 홍해 위로 내밀자 큰 바람으로 바다가 갈라져 어떻게 되었나요?

답 ______

5 하나님은 애굽 군대를 무엇으로 막으셨나요? (출 14:19) 답 ______

6 하나님이 이스라엘 백성을 애굽 군대에게서 보호하신 방법이 아닌 것은 무엇인가요?

① 하나님이 애굽 군대를 어지럽게 만드셨다. 답 ______

② 하나님이 애굽 군대의 전차 바퀴를 고장 나게 하셨다.

③ 하나님이 애굽 군대도 홍해 바다를 마른 땅처럼 건너게 하셨다.

④ 하나님이 홍해 물로 애굽 군대를 다 덮으셨다.

7 애굽 군대는 하나님의 능력을 보고 뭐라 말했나요? (출 14:25) 답 ______

VALUE

내 삶의 홍해를 건너요

출애굽한 이스라엘 자손은 어떤 어려움을 맞닥뜨렸나요? 이스라엘 백성들 앞과 뒤에 있었던 어려움을 그려 보세요.

뒤

앞

지금 내가 어려워하거나 두려워하는 문제는 무엇인가요? 내 문제를 적고 하나님께 맡겨 보세요.

"여호와께서 너희를 위하여 싸우시리니
너희는 가만히 있을지니라"(출 14:14).

ENCOURAGE

이번 주 미션

능력의 하나님께 내 문제를 맡기고 매일 기도해요.

요 일	하나님께 내 문제를 맡기고 기도해요.	기도했나요? (O / X)
월		
화		
수		
목		
금		
토		

예배 일기

주일 예배에서 받은 은혜를 기억하며 예배 일기를 쓰세요.

날짜 년 월 일

가장 좋았던 찬양	
말씀 제목	
느낀 점	
기도	

절기공과

DREAM WAVE

종려 주일

구원자 예수님을 찬양해요

부활 주일

부활하신 예수님은 우리의 생명이에요

종려 주일

구원자 예수님을 찬양해요

읽을 말씀 마가복음 11장 1~11절

외울 말씀 종려나무 가지를 가지고 맞으러 나가 외치되 호산나 찬송하리로다 주의 이름으로 오시는 이 곧 이스라엘의 왕이시여 하더라 (요한복음 12장 13절)

원 포인트 구원자이신 예수님을 찬양해야 한다.

WELCOME

내가 가 본 곳

다음 그림에 있는 장소 중 지난주에 가 본 곳이 있나요? 있다면 그곳에 동그라미를 하고, 무엇을 하러 갔는지 친구들과 함께 나눠 보세요.

ADVENTURE

마가복음 11장 1~10절을 읽고, 〈보기〉에서 정답을 찾아 빈칸을 채우고 질문에 답하세요.

1 그들이 ○○○○에 가까이 와서 감람 산 벳바게와 베다니에 이르렀을 때에 예수께서 제자 중 둘을 보내시며
2 이르시되 너희는 맞은편 마을로 가라 그리로 들어가면 곧 아직 아무도 타 보지 않은 ○○ ○○가 매여 있는 것을 보리니 풀어 끌고 오라
3 만일 누가 너희에게 왜 이렇게 하느냐 묻거든 ○가 쓰시겠다 하라 그리하면 즉시 이리로 보내리라 하시니
4 제자들이 가서 본즉 나귀 새끼가 문 앞 거리에 매여 있는지라 그것을 푸니
5 거기 서 있는 사람 중 어떤 이들이 이르되 나귀 새끼를 풀어 무엇 하려느냐 하매
6 제자들이 예수께서 이르신 대로 말한대 이에 허락하는지라
7 나귀 새끼를 예수께로 끌고 와서 자기들의 ○○을 그 위에 얹어 놓으매 예수께서 타시니
8 많은 사람들은 자기들의 겉옷을, 또 다른 이들은 들에서 벤 나뭇가지를 길에 펴며
9 앞에서 가고 뒤에서 따르는 자들이 소리 지르되 ○○○ 찬송하리로다 주의 이름으로 오시는 이여
10 찬송하리로다 오는 우리 조상 다윗의 나라여 가장 높은 곳에서 호산나 하더라

보기 가버나움 예루살렘 주 나귀 새끼 종 겉옷 에바다 호산나

1 예수님이 예루살렘에 가까이 이르렀을 때 제자들 중 둘을 맞은편 마을로 보내신 이유는 무엇인가요? (막 11:1~2)

2 제자들이 매인 나귀 새끼를 풀어 끌고 올 때, 그 이유를 물으면 어떻게 대답하라고 하셨나요? (막 11:2~3)

3 예수님이 나귀 새끼를 타고 예루살렘으로 들어가실 때 많은 사람이 그분을 향해 무엇이라고 외쳤나요? (막 11:9~10)

VALUE

찬송하리로다!

예수님이 예루살렘으로 입성하실 때 많은 사람이 종려나무 가지를 흔들며 소리 높여 예수님을 찬양했어요. 우리를 대신해 십자가에 달려 돌아가시려고 예루살렘으로 들어가신 예수님을 기억하며 그 분을 향한 찬양과 감사의 말을 종려나무 잎에 적어 보세요.

ENCOURAGE

이번 주 미션

예루살렘에 입성하신 예수님은 십자가를 지시기 전 마지막 일주일을 그곳에서 보내셨어요. 한 주간 예수님의 마지막 일주일을 살펴볼 수 있는 말씀을 찾아 읽으며 예수님의 은혜를 묵상해 보세요.

요 일	예수님의 마지막 일주일, 성경책을 찾아 읽어 보세요	읽었나요? (O / X)
월	성전을 깨끗하게 하셨어요(마 21:12~17).	
화	예수님의 권위에 도전하는 사람들에게서 질문을 받으셨어요 (마 21:23~27).	
수	한 여자가 예수님에게 향유를 부었어요(마 26:6~13).	
목	제자들의 발을 씻기셨어요(요 13:1~11).	
금	예수님이 십자가에 못 박혀 돌아가셨어요(눅 23:13~49).	
토	예수님은 무덤 속에 계셨어요(마 27:62~66).	

예배 일기

주일 예배에서 받은 은혜를 기억하며 예배 일기를 쓰세요.

날짜 년 월 일

가장 좋았던 찬양	
말씀 제목	
느낀 점	
기도	

부활 주일

부활하신 예수님은 우리의 생명이에요

읽을 말씀 마가복음 16장 1~8절

외울 말씀 예수께서 이르시되 나는 부활이요 생명이니 나를 믿는 자는 죽어도 살겠고 무릇 살아서 나를 믿는 자는 영원히 죽지 아니하리니 이것을 네가 믿느냐 (요한복음 11장 25~26절)

원 포인트 부활하신 예수님은 우리의 생명이 되신다.

WELCOME

다시 살아난 사람을 알고 있나요?

성경에는 죽었다가 다시 살아난 사람이 여러 명 등장해요. 누군지 이야기해 보고, 예수님의 부활과 그들이 다시 살아난 일에 어떤 차이점이 있는지 이야기해 보세요.

막 5:35~43

눅 7:11~17

요 11:17~44

ADVENTURE

본문 말씀을 기억하며 다음 문제를 풀어 보세요.

1 다음 중 예수님의 무덤을 보러 가지 않은 사람은 누구인가요? (막 16:1) 답

① 막달라 마리아 ② 마르다 ③ 살로메 ④ 마리아

2 여인들이 예수님의 무덤을 보러 간 때는 언제인가요? (막 16:2)

답 후 날 돋을 때

3 예수님의 무덤에 도착한 여인들의 표정을 그려 보세요.

4 여인들이 무덤에 도착했을 때 놀란 이유는 무엇인가요? (막 16:5) 답

5 본문의 이야기를 시간 순서대로 적어 보세요. 답

6 다음 문장에서 본문의 내용과 다른 부분에 X 표시를 하고 바르게 고쳐 보세요.

여인들은 예수님이 다시 살아나셨다는 소식을 듣고 슬퍼서 울었습니다.

부활하신 예수님이 요단 강에서 제자들을 만나실 것이라고 했습니다.

7 다음 중 무덤에서 흰 옷을 입은 한 청년이 여인들에게 전해 준 말은 무엇인가요? (막 16:6)

① "슬퍼하지 말고 평안하라." ② "다른 무덤을 찾아가라."

③ "그를 보러 무덤 안쪽으로 들어가 보라." ④ "그가 살아나셨고 여기 계시지 아니하니라."

8 마가복음 16장 7절 말씀을 찾아 다음 빈칸을 채워 보세요.

"가서 그의 제자들과 ○○○ 에게 이르기를 예수께서 너희보다 먼저 갈릴리로 가시나니 전에 너희에게 ○○ 하신 대로 너희가 거기서 뵈오리라 하라 하는지라."

VALUE

부활 생명을 전해요!

달걀 바구니를 만들어 부활절 달걀을 넣은 후에 이웃에게 부활 생명을 전해 보세요.

준비물

종이컵 2개, 칼,
삶은 달걀

활동 방법

1. 부록의 겉지와 속지를 뜯는다.
2. 종이컵에 속지와 겉지를 각각 붙인다.
3. 겉지를 붙인 종이컵의 하얀 윗부분을 칼로 오려 낸다.
4. 겉지를 붙인 종이컵 안에 속지를 붙인 종이컵을 넣는다.
5. 만든 종이컵에 달걀을 넣어 부활절 달걀 바구니를 완성한다.

부록
144쪽

ENCOURAGE

이번 주 미션

매일 이번 주 외울 말씀을 암송하며 예수님의 부활을 마음에 새기고 부활의 기쁨을 누려 보세요.

요 일	외울 말씀을 암송해요	암송했나요? (O / X)
월	"예수께서 이르시되 나는 부활이요 생명이니 나를 믿는 자는 죽어도 살겠고 무릇 살아서 나를 믿는 자는 영원히 죽지 아니하리니 이것을 네가 믿느냐"(요 11:25~26).	
화		
수		
목		
금		
토		

예배 일기

주일 예배에서 받은 은혜를 기억하며 예배 일기를 쓰세요.

날짜 　　년 　월 　일

가장 좋았던 찬양	
말씀 제목	
느낀 점	
기도	

COLORING

MEMO

드림웨이브

하나님 나라의 시작 1

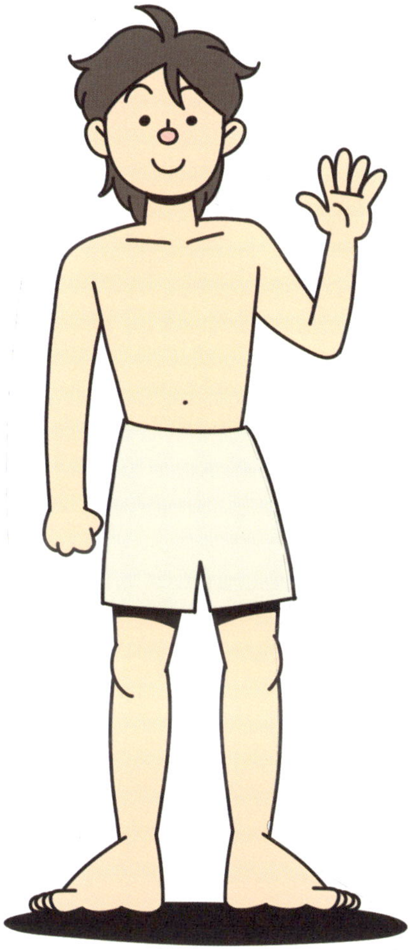

우리는 그리스도 안에서 그의 은혜의 풍성함을 따라
그의 피로 말미암아 속량 곧 죄 사함을 받았느니라 (엡 1:7)

겉지

"부활하신
예수님은
우리의 생명
이에요!"

속지